AF367321

GENERACIÓN DE CONQUISTA

TOMO 3

Generación de conquista es el tercer tomo de la trilogía "91 días de conquista". El primer tomo viene a ser El despertar de los valientes y el segundo es Levántate y resplandece.

Título: Generación de conquista
Autor: Rodolfo Rojas
ISBN: 978-91-639-9584-2
Primera edición: Noviembre 2018

Categoría: Vida cristiana / discipulado

Diagramación y diseño de cubierta: Adolfo Tamayo

Índice

Dedicatoria

A la Persona más perfecta, fiel y excelente de la tierra. El único que tan sinceramente, desea y está comprometido con que tengamos éxito.
Con Él, lo único imposible es fracasar.
Te amo, Espíritu Santo.

¿Por qué este libro?

Este libro aunque llegó a tus manos, vino a ordenar tus pasos.

Creo que cada vez que uno comienza a leer un libro, uno lo hace con una cierta expectativa. Y quiero ser sincero contigo, este libro contiene algunas claves y herramientas que te ofrecen una oportunidad para un progreso espiritual y un avance ministerial. Pero aun así debes saber que al final del día todo estará determinado por las decisiones y cambios que tú estés dispuesto a hacer. El fin de este libro será ayudarte a ordenar algunos aspectos de tu vida espiritual y también proveerte una estructura y un programa ministerial para darte mayor solidez.

Orden es una gran clave divina para el fruto y el crecimiento en lo que concierne los asuntos del reino. El profeta Elías entendió que no podía descender fuego del cielo si primero no arreglaba el altar. Hoy también, existe una urgencia en arreglar los altares desordenados en la vida de muchos discípulos, para que el fuego de lo alto se pueda volver a encender. Cuando hago referencia a nuestra diligencia en "arreglar el altar" y a la apremiante necesidad de "ordenar nuestros pasos", es porque tenemos un enemigo que pocas veces es reconocido como tal, y es el desorden. El desorden ha sido uno de los grandes oponentes en lo que concierne el discipulado. El desorden espiritual ha causado distracción, confusión y agotamiento en creyentes y discípulos que muchas veces viven frustrados con su vida de devocional y en su servicio a Dios. La palabra discipulado es un término que deriva de la palabra *disciplina* y disciplina es orden. Y donde el orden se hace presente, la vida y la multiplicación divina también se hacen evidentes.

Hacer discípulos y enviar obreros a hacer la obra del ministerio ha sido mi pasión por estas dos ultimas décadas. Pocas cosas me dan tal nivel de felicidad como ver creyentes viviendo para el reino y la visión de Dios. Pero también quiero que conozcas mi dolor y lo que me hace sufrir. Y es ver discípulos y líderes del reino estancados en su llamado y con un ministerio infructuoso. Después de veinte años equipando pastores y líderes, específicamente en Europa, América Latina y Estados Unidos, he podido detectar algunos factores limitantes y que frustran a muchos en su llamado. Y es el hecho de iniciar cada día improvisando, sin tener un plan de lectura, trabajo y acabar el día sin un avance y fruto ministerial. La iglesia en el mundo cuenta con mucha gente buena, pero eso no basta. Necesitamos ser más intencionales y metódicos si vamos a ver avances espirituales sostenibles en el tiempo. Se necesita de un programa práctico y sencillo que nos dé dirección, impulso y enfoque en las tareas ministeriales diarias. Si no se hace, corremos el peligro de que los días se vuelven en meses y los meses en años sin progreso y fruto.

Este libro es una herramienta de reino que te equipará para que en los próximos 30 días puedas comenzar a hacer cambios que encenderá tu pasión, elevará tu compromiso y desafiará tu fe para una vida y un ministerio triunfante. Si eres fiel a la instrucción que Dios hablará a tu corazón en los próximos días y semanas por medio de este libro, es imposible que sigas siendo el mismo. ¡Tu cambio y conquista inician hoy!

Instrucciones

Cómo trabajar este libro en orden

1. *Tres libros.* Estás leyendo y trabajando con un libro que maneja un orden de tres tomos, el primer libro es, *El Despertar de los Valientes*, el segundo libro es, *Levántate y Resplandece*, y el tercero es, *Generación de Conquista*. Estos tres libros te proveerán 91 días de discipulado que te equiparán para una vida ministerial cada vez más efectiva y productiva.

2. *El orden de cada día.* Cada día también opera bajo una estructura y un compartimiento que va en cuatro fases, el primero es, *el Discipulado*, la segunda parte es, *la Declaración*, la tercera es, *el Devocional* y la cuarta es, *el Desafío*.

3. *Oración de la mañana.* Antes de leer siempre inicia con oración. Procura siempre que tu tiempo de oración sea entre 4.00 y más tardar 7.00 de la mañana. Empieza con gratitud, dando gracias a Dios por todas las bendiciones y por todas las cosas buenas que Él ha hecho en tu vida. Es importante nunca iniciar pidiendo sino dando alabanza, exaltando Su nombre y reconociendo a Dios. Luego ora por tu familia, cónyuge, y tus hijos. También intercede por tu célula y discípulos. Y ademas pide a Dios que te ayude a identificar lo que impide el crecimiento, multiplicación y siempre termina profetizando sobre los nuevos y tus discípulos. Termina tu oración dando gracias a Dios en fe y creyendo que lo que has pedido ya es realidad.

4. *El discipulado del día.* El discipulado del día existe para dar un mayor enfoque a una verdad durante aquel día. Cada tema es dado para enseñar la Palabra pero también para equiparte para la obra ministerial.

5. *La declaración del día.* La declaración tiene como intención, que al ser hecha en fe, encienda y active algo divino en tu espíritu. No importando cómo tu te sientas, atrévete a creer y a confesar en fe lo que anhelas ver de parte de Dios en tu vida y ministerio.

6. *El devocional del día.* Te aconsejo que de los tres capítulos diarios, leas uno en la mañana, otro a medio día y el último en la tarde. La Palabra de Dios es lo principal y leída con fe te equipará de forma sobrenatural estos 30 días.

7. *El desafío del día.* Te recomiendo tomarte tiempo para leer en un solo día todos los desafíos de la semana que se aproxima. Esto es para que sepas lo que viene y te ayude a prepararte y a planificar para los desafíos que te esperan durante aquella semana.

Trabajando bajo Autoridad

Es importante que para que haya bendición en todo lo que hacemos se cuente con el respaldo de tus pastores y líderes. Debes estar dispuesto a hacer los cambios que tus pastores te pidan. Puede ser que tus pastores tengan otra tarea para ti aquel día o semana. Trabaja siempre este libro bajo la supervisión de tus pastores y líderes.

Tres Formas de trabajar los 30 días

1. Hacer los 30 días de este discipulado y devocional todos los días de corrido y sin cesación.
2. Hacer los 30 días de este discipulado y devocional de Lunes a Viernes. (Lo que más aconsejo) Esto te permite descansar dos días.
3. Hacer los 30 días de este discipulado y devocional día por medio.

Trabaja en Equipo

Recomiendo en lo posible, que aunque este libro de discipulado y devocional será leído de forma personal, los desafíos sean trabajados en equipo. Trata de unirte a 2 o 3 hermanos para trabajar los desafíos de cada día en grupo. No es una obligación pero te puede ayudar y motivar mucho sabiendo que hay otros leyendo y trabajando igual que tú todos los días. Nuevamente te aconsejo no hacer grupos sin la aprobación de tus pastores, consulta con ellos primeramente.

El Ayuno

Hay días que el desafío será ayunar. Pero si no hubiera un desafío de ayunar durante esa semana es importante que apartes uno o dos días para ayunar. El ayuno consiste en abstenerse de alimentos, pero no sólo de comida sino también de cosas que nos quitan el tiempo y que afectan de forma negativa a nuestra alma, como por ejemplo cine, redes sociales, televisión, etc. Creo que el ayuno no tiene ningún poder, si el discípulo se abstiene de alimentos, y a la vez dedica muchas horas a la televisión o navegando en el internet. Este día de ayuno implica que te vas a apartar para Dios; que ese tiempo que comías, te alimentarás de la Palabra de Dios. Vas a orar y escuchar un mensaje o una enseñanza. Cuando llegues a casa después de tu trabajo es lo mismo. En la casa vas a dedicar tiempo a orar por tu familia y célula. Para que el ayuno sea poderoso y efectivo debe ir acompañado de la oración y la Palabra de Dios.

Redes Sociales

Hoy el mundo del internet y las redes sociales han cambiado mucho nuestra forma de vivir.

La intención con el hashtag **#91DíasDeConquista** es crear una comunidad de hermanos de diferentes países que estarán trabajando con los libros. Esta red, ayudará a que subiendo sus fotos y testimonios, se puedan motivar unos a otros en los diferentes desafíos diarios. Y que también puedan compartir ideas de trabajo que edifiquen y fortalezcan su fe.

EL CARÁCTER

EL DESPERTAR DE LOS VALIENTES

❝

El Calibre de tu Carácter

"Y aunque era Hijo, por lo que padeció aprendió la obediencia"
Hebreos 5:8-9

El temperamento lo heredas, pero el carácter es formado, y solo se forja bajo presión. No porque te han profetizado que tienes un llamado, significa que estás listo para ser enviado. Después que Dios te revela tu asignación, debes ser acercado a un discipulador para ser tratado, corregido y formado en tu carácter. Necesitarás respetar los procesos que Dios tiene preparados para ti. Jesús fue formado en el anonimato durante 30 años para un ministerio que duró un poco más de tres años. Juan el Bautista, el precursor profético de Jesús, fue procesado en el desierto por 30 años para un ministerio que duraría aproximadamente seis meses. No obstante, hay algunos que procuran revertir el proceso teniendo un ministerio de 40 años con tan solo seis meses de formación. Jesús tuvo que aprender obediencia y sujeción a las autoridades. El evangelio de Lucas dice: "Entonces Jesús volvió con sus padres a Nazaret, y los obedecía en todo." (Lc 2:51 TLA). El autor a los Hebreos enseña que "…aunque era el Hijo (de Dios,) por lo que padeció aprendió la obediencia" (He 5:8 JBS). Aún la naturaleza nos deja importantes lecciones, como por ejemplo, un diamante. Dicha piedra preciosa es primero un pedazo de carbón sin valor, la cual por medio de un proceso termina volviéndose en una de las joyas de más alto valor en el mundo. Hay tres elementos claves para procesar estos tesoros: El tiempo, la presión y el calor. Un diamante no existe de un día para otro, sino que toma mucho tiempo; tiene que soportar una presión colosal; y resistir calores enormes bajo tierra. Igualmente nosotros, si podemos perseverar en el tiempo, soportar la presión y aguantar el calor del discipulado, veremos un carácter de reino emergiendo. Uno de los planes de Dios con nosotros es nuestra continua perfección para que podamos cumplir su propósito. El apóstol Pablo escribe: "a fin de que el hombre de Dios sea perfecto…" (2 Tim 3:17). Existen básicamente tres cosas que Dios usa para formar a un creyente: Su Palabra, una autoridad espiritual y las circunstancias adversas de la vida. Los problemas que hoy enfrentas, cargan un potencial que desarrollarán victorias extraordinarias en el futuro. C.S. Lewis dijo: "Las dificultades preparan a personas comunes para destinos extraordinarios". La calidad y el calibre de un líder se revelan, cuando éste puede cumplir con el llamado en medio de tensiones internas y presiones externas sin caer en la locura. Un líder no se conoce cuando todo marcha bien. De hecho, cualquiera puede ser feliz cuando todo funciona bien, pero el calibre de nuestro carácter es revelado cuando estamos bajo presión y frente a la oposición. Es ahí, bajo esa inmensa presión, donde nuestra verdadera reacción de lo que somos sale a la luz y revela quiénes somos.

 "Cuando no tenga problemas voy a servir", me dijo una persona una vez. La verdad es que ese día nunca va a llegar, porque siempre tendremos algo que nos estorbará. Pablo decía: "Por tanto, de buena gana me gloriaré más bien en mis debilidades, para que repose sobre mí el poder de Cristo." (2 Co 12:9). Más adelante añade: "…porque cuando soy débil, entonces soy fuerte." (2 Co 12:10). Si estás esperando el ambiente y las condiciones perfectas para servir, déjame decirte, con todo amor y respeto: ¡Te vas a morir sin hacer nada! Pablo decía: "Porque no nos predicamos a nosotros mismos…" (2 Co 4:5) y eso es importante, porque cuando ministres en tu célula, no debes predicar tus derrotas y problemas, sino que debes predicar a Cristo. Y no importando lo que tú y yo estemos viviendo a nivel personal, nuestro Señor siempre estará en el trono gobernando.

DECLARACIÓN 📣

Padre, hoy me dispongo a ser formado. Renuncio a toda actitud que impide que las autoridades me formen y me confronten. No seré obstinado, sino que me dejaré tratar. No tendré miedo a ser confrontado. No huiré de los tratos de Dios. No perjudicaré el propósito de Dios, ni Su reino por causa de mi carácter. Declaro que nada me ofenderá, porque todo me formará.

¡En el nombre de Jesús, Amén!

DEVOCIONAL 📖

Lectura Bíblica para hoy:
2 Timoteo 1-4

Mi Palabra Rhema para hoy es:

____

____

Tiempo de oración:
De ___:___hrs a ___:___hrs.

DESAFÍO 62 🎯

El desafío de hoy si decides aceptarlo, es escudriñar tu corazón y reconocer qué cosas te enojan cada vez que eres corregido. Incluso qué cosas, que un día te molestaron, te formaron y te ayudaron para bien. Escríbelas y pide reunirte con tu líder y conversar sobre esto. Además pide perdón si es que alguna vez te has levantado en contra de una autoridad. Luego pide oración.

Para subir las fotos y contar el testimonio de tu desafío en redes sociales puedes utilizar el hashtag **#91DíasDeConquista.**

La Integridad

*"Hazme justicia, oh Señor, porque yo en mi integridad he andado, y en el Señor
he confiado sin titubear. Examíname, oh Señor, y pruébame;
escudriña mi mente y mi corazón."*
Salmo 26:1-2 LBLA

Integridad es lo que eres cuando nadie te está mirando. Una persona íntegra es alguien completa y cabal, cuya vida no está dividida y no tiene doblez en su corazón. Sin integridad no podemos caminar en la presencia de Dios. "Por mi integridad habrás de sostenerme, y en tu presencia me mantendrás para siempre." (Sal 41:12 NVI). Cuando Dios nos llama para ser líderes u obreros en su reino, la integridad es un ingrediente fundamental. El evangelista D.L. Moody dijo: "Carácter es lo que un hombre es en la oscuridad".

Dios quiere que le sirvamos con integridad. Eso significa que Dios no se agrada en que seamos deshonestos o que sirvamos con doble ánimo; que cuando la gente me está viendo, soy un testimonio, pero en lo secreto vivo como a mí me da la gana. Tiene que haber una estrecha relación entre lo que predicamos y lo que vivimos. Un discípulo debe tener un estilo de vida que sea el mismo en público, como en lo secreto. Pidamos a Dios que nos dé un corazón íntegro y limpio. Cuando le tendieron trampas a Daniel para hallarlo en alguna falta, dice la Biblia que "…no podían hallar ocasión alguna o falta, porque él era fiel, y ningún vicio ni falta fue hallado en él." (Dn 6:4 JBS).

Tristemente se ha perdido mucha gente en todo el mundo solo por un mal testimonio de alguien que predicaba algo que no vivía. Pero hoy, Dios quiere levantar a través de ti un obrero y un líder que se vuelva en un modelo que otros puedan seguir e imitar.

Dios anhela poner un corazón íntegro y recto en nuestras vidas, pero para eso nosotros primero debemos hacer un examen y dejar que Él nos haga un chequeo espiritual. Es necesario que en tu cámara secreta, a solas con Dios salga a luz toda trampa, el doble ánimo, la traición y las injusticias que hay en tu vida y que muchas veces ni los más cercanos conocen de ti. Una persona que pueda reconocer y ser sincero con Dios recibirá gracia y poder para vivir una vida de testimonio y de poder delante de los hombres. Si hoy te das cuenta que en tu vida no hay integridad, la poderosa sangre de Cristo tiene el poder para lavarte y cambiarte. Determina en tu corazón abrazar la integridad. Aquí te dejo unos ejemplos: Nunca tomes un dinero en tu trabajo o en la iglesia que no te corresponde. No tengas conversaciones a escondidas con el sexo opuesto, ni tampoco mensajes secretos en redes sociales. Cuando seas confrontado por una falta, no mientas para salir de un problema, pues solo lo empeorarás. Jamás exageres en un reporte para impresionar a un jefe o a un líder en una iglesia. Siempre di y expón la verdad. Siempre recuerda que el Todopoderoso te observa. Charles Spurgeon dijo: "Deja que el sermón principal de tu vida lo predique tu conducta".

El mundo entero está gritando por un liderazgo que funcione, es decir que logre vivir lo que demanda, y que su mejor parábola para enseñar sea su propia vida y conducta.

DECLARACIÓN 📢

Padre, confieso en este día que nunca andaré en engaño, ni en falsedad. Mi corazón no está dividido. Hoy arranco de raíz todo engaño que he heredado y he aprendido de mi cultura y de mi familia. No seré falso, nunca diré una cosa y haré otra. Confieso que nunca seré alguien por fuera y otro por dentro. Soy libre del corazón doble y tramposo. Soy libre para caminar con Dios.
¡En el nombre de Jesús, Amén!

DEVOCIONAL 📖

Lectura Bíblica para hoy:
Daniel 6, Salmo 26, 1 Timoteo 3

Mi Palabra Rhema para hoy es:

____

____

Tiempo de oración:
De ___:___hrs a ___:___hrs.

DESAFÍO 63 🎯

El desafío de hoy si decides aceptarlo, es entrar en un tiempo de oración y pedir al Espíritu Santo que te revele si tienes cosas que lo pueden contristar. Procura inspeccionar si hay algo que puede estorbar tu llamado. Además, llamarás a tu pastor o a tu líder para pedirle que por favor te diga lo que ha visto en tu vida y en tu corazón que pueda dañar tu relación con Dios y con el llamado.
Para subir las fotos y contar el testimonio de tu desafío en redes sociales puedes utilizar el hashtag **#91DíasDeConquista.**

Resistencia y Perseverancia

"Por ello, vístanse de toda la armadura de Dios para que puedan resistir en el día malo y así, al terminar la batalla, estén todavía en pie."
Efesios 6:13 NBD

El carácter te permite conquistar la cima donde los mediocres sueñan llegar, pero que por su actitud nunca podrán alcanzar. El apóstol Pablo confiesa: "En todo lo que hacemos, demostramos que somos verdaderos ministros de Dios. Con paciencia soportamos dificultades y privaciones y calamidades de toda índole. Fuimos golpeados, encarcelados, enfrentamos a turbas enfurecidas, trabajamos hasta quedar exhaustos, aguantamos noches sin dormir y pasamos hambre." (2 Co 6:4-5 NTV). La palabra paciencia en dicho pasaje, en el griego es hupomone. Y aunque en muchas versiones se interpreta como paciencia, lo que realmente significa es resistencia. La palabra perseverancia en griego es *makrothumia*, el término *makro* es largo o grande y el vocablo *thumia*, tiene que ver con temperamento, es decir, alguien con un carácter de largo alcance.

La resistencia tiene que ver con la firmeza con que soportas un ataque o el peso de una situación. Mientras que la persistencia y la perseverancia tiene que ver con la continuidad, con la constancia y con la determinación de intentar algo por un largo tiempo; la vida con Dios, especialmente el ministerio, está lleno de momentos de ataque y de días malos donde el carácter y nuestra creencias son puestas a prueba.

George Müller dijo: "Las dificultades son la comida con que la fe se alimenta". Cristo no se desanimó porque le escogieron un pesebre y no un palacio para nacer. No dejó el llamado porque uno de los discípulos que el Padre le había escogido lo traicionaría y otros huirían en el momento más difícil. De hecho, no abdicó de su llamado cuando vio que para redimir la humanidad no era un trono lo que se le había preparado, sino una cruz donde tenía que morir crucificado. No importando lo que las situaciones te griten, hay que determinar y creer que lo que Dios ha dicho, es el edicto real que gobierna nuestras vidas. El salmista dice: "Hubiera yo desmayado, si no creyese que veré la bondad de Jehová en la tierra de los vivientes." (Sal 27:13). En otras palabras, no te rindas, dice el salmista, porque los que creen siempre terminan viendo el favor de Dios en la tierra. Una persona se convierte en un discípulo confiable cuando ha mostrado perseverancia y permanencia en medio de lo más arduo de la batalla. Un hombre y una mujer de Dios no huyen ante el primer problema, sino que se quedan para confrontarlo. Hay personas que aparentan firmeza y dicen: "De la iglesia ni muerto me sacan..." pero, ¿sabes? no hubo necesidad que murieran, porque vivos se fueron.

Sé estable, firme y constante, y te convertirás en un líder digno de confianza y de respeto. El mundo está lleno de personas que se rinden; de padres que abandonan a sus familias; de trabajadores que renuncian a sus trabajos; y líderes que abdican del llamado, solo porque no tuvieron el carácter para resistir y perseverar.

Winston Churchill, el primer ministro de Inglaterra, en la segunda guerra mundial, dijo algo en uno de los momentos más críticos de la guerra que se hizo famoso, y sigue haciendo eco en la historia hasta hoy: "Nunca, nunca, nunca te rindas". Esto es carácter: Cuando tus convicciones y decisiones en Dios pueden levantarse contra las emociones, que muchas veces son traicioneras, contra las dudas, los temores, y decirles: "¡Por nada y nunca me daré por vencido! ¡Yo sé en quién he creído!"

DECLARACIÓN 📢

Padre, gracias por tu Espíritu que has hecho morar en mí. A través del cual he recibido un Espíritu de potencia para resistir y ser libre de todo temor. No me rendiré jamás. Lo único a lo que le temeré será a salirme de la voluntad de Dios. Voy a resistir y a perseverar en el llamado. Yo sé que el dolor que estoy viviendo es momentáneo, pero lo importante es que veré la gloria y el favor sobrenatural en mi vida.

¡En el nombre de Jesús, Amén!

DEVOCIONAL 📖

Lectura Bíblica para hoy:
Efesios 6, 2 Samuel 23, 2 Corintios 4

Mi Palabra Rhema para hoy es:

____

____

Tiempo de oración:
De ___:___hrs a ___:___hrs.

DESAFÍO 64 🎯

El desafío de hoy si decides aceptarlo, es atreverte a realizar algo que te da temor, pero que concierne a tu llamado. Todos somos adictos a nuestras zonas de comodidad. ¿Qué cosa sería un desafío y qué te pondría nervioso? Si no logras pensar en algo específico, llama a tu pastor o a tu líder y pide que te expongan a una situación que desafíe tu fe.

Para subir las fotos y contar el testimonio de tu desafío en redes sociales puedes utilizar el hashtag **#91DíasDeConquista.**

Persecución con Propósito

"Si el mundo os aborrece, sabed que a mí me ha aborrecido antes que a vosotros."
Juan 15:18

La persecución incomoda, pero enfoca, acelera y multiplica. Ella es el abono que Dios usa para tu fructificación. Es imposible ser un discípulo sin persecución. No hay victorias sin oposición, y no hay aceleración sin persecución.

Es necesario, debido a los tiempos que estamos enfrentando, que el discípulo haya desarrollado un temple que no se desvanezca ante la oposición; y además una entereza que no se quiebre frente a la persecución. Cristo le habló tanto de la persecución a sus discípulos que lo veo como algo necesario. De hecho, Cristo fue perseguido desde que nació hasta que murió. Es impactante la paz y la sabiduría con la que trató cada situación. Si Jesús siendo la esencia de la verdad y el amor, fue aborrecido y odiado, ¿qué nos queda a nosotros? Jesús advirtió que seríamos bendecidos hasta cien veces más, pero con persecuciones (Mr 10:30). Incluso, Jesús advirtió a sus discípulos: "Entonces os entregarán a tribulación, y os matarán, y seréis aborrecidos de todas las gentes por causa de mi nombre." (Mt 24:9). Esperaríamos que Jesús nos dijera que nos va a guardar para que nada nos pase, sin embargo es aquí donde radica lo importante: que toda la persecución de las tinieblas contra nosotros, nunca es en vano, pues aunque no siempre resultará en un provecho personal, siempre producirá un avance para la obra y el reino de Dios (Hch 8:1-4). El que pensó que el evangelio del reino es para los cristianos débiles, frágiles o pusilánimes, se equivocó. Esto es para gente valiente y violenta en la fe. La pregunta es, ¿cómo enfrentar la persecución? Primeramente, la persecución se soporta en oración e intensa intercesión (Hch 4:23-31). Además la persecución es usada por las tinieblas para soltar un espíritu de intimidación que finalmente agota y desgasta al creyente en su servicio a Dios. Por tal razón, es imperativo que nunca nos dejemos dominar por espíritus de temor, sino que quebrantemos toda manipulación espiritual y emocional (Hch 4:18).

Siempre recuerda que uno nunca sufre en vano, sino que lo que te hicieron por causa de Cristo tendrá una recompensa de gloria: "Dios los bendecirá a ustedes cuando la gente los odie o los insulte, o cuando sean rechazados y nadie quiera convivir con ustedes. La gente los tratará así sólo porque me obedecen a mí, el Hijo del hombre. Siéntanse felices, salten de alegría, porque Dios ya les tiene preparado un premio muy grande..." (Lc 6:22-23 TLA).

Nunca pagues a los que te persiguen con la misma moneda. El perdón siempre tiene más poder que la venganza. El apóstol Pablo afirma: "No maldigan a sus perseguidores; más bien, pídanle a Dios que los bendiga." (Rom 12:14 TLA). Siempre recuerda que la persecución, como la oposición aunque son incómodas y dolorosas, son el abono que Dios usa para fructificarte y multiplicarte en su reino. Un pastor dijo en una ocasión: "La persecución es buena para las personas que aman a Jesús profundamente. Pero es mala para las personas que aman a Jesús solo un poco." Nunca la persecución ha sido un factor contraproducente, sino que siempre ha sido un elemento clave para el desarrollo de líderes poderosos en el reino, e inclusive para activar un mover sobrenatural en la tierra. Te dejo esta perla poderosa de Éxodo 1:12: "Pero cuanto más los oprimían, tanto más se multiplicaban y crecían, de manera que los egipcios temían a los hijos de Israel".

DECLARACIÓN 📢

Padre Eterno, gracias por la gloria y el poder que está por manifestarse hoy sobre mi vida. Declaro en fe, que la persecución no me intimida. La oposición no altera mi convicción y mi compromiso por el reino. Soy de genética apostólica, por lo tanto, la persecución es normal en mi vida. No me escandaliza que hablen mal de mí. Esto es parte de mi llamado. La persecución me hace rápido y efectivo en el propósito de Dios.

¡En el nombre de Jesús, Amén!

DEVOCIONAL 📖

Lectura Bíblica para hoy:
2 Corintios 11, Apocalipsis 3, Apocalipsis 12

Mi Palabra Rhema para hoy es:

____

____

Tiempo de oración:
De ___:___hrs a ___:___hrs.

DESAFÍO 65 🎯

El desafío de hoy si decides aceptarlo, es traer a memoria una o varias personas que te hayan causado dolor por tu fe. Quizá gente que se ha burlado de ti y te ha perseguido por tu llamado. Si conoces sus nombres, los perdonarás y orarás por ellos. Rechaza todo dolor y todo resentimiento en tu corazón que pueda frenar el mover del Espíritu Santo. El perdón activa la unción, la revelación y la fructificación.

Para subir las fotos y contar el testimonio de tu desafío en redes sociales puedes utilizar el hashtag **#91DíasDeConquista.**

Formados por Dios

"Cada vez que una vasija se le dañaba, volvía a hacer otra, hasta que la nueva vasija quedaba como él quería. "
Jeremías 18:4 TLA

Toda persona llamada por Dios, necesita ser formada para poder ser enviada. Hay dos cosas que debemos notar en Génesis concerniente a Adán, el primer hombre. Lo primero es que el hombre fue creado: "Y creó Dios al hombre a su imagen..." (Gn 1:27). En el hebreo, idioma del antiguo testamento, la palabra crear es *bara*, que implica un acto divino donde Dios hace algo de la nada. En segundo lugar, Génesis dice que el hombre fue formado: "Dios formó al hombre del polvo de la tierra..." (Gn 2:7). La palabra formó es en el hebreo, *yatsar*, que quiere decir hacer y perfilar de algo ya existente.

Cuando dice la Palabra que el hombre fue creado, eso habla de algo inmediato e instantáneo, pero dice además que fue formado, y eso ya es un proceso. El llamado es un suceso, mientras que la formación que te prepara para el llamado, es un proceso. Si no te dispones a ser formado, te vuelves en un desformado espiritual y en un estorbo para el propósito de Dios. Tú y yo somos la mayor amenaza para abortar el propósito y el destino divino en la tierra.

D.L. Moody dijo: "Tengo más problemas conmigo mismo que con cualquier otro hombre que he conocido."

Para lograr madurez tienes que tener un espíritu y un corazón moldeable, es decir, debes dejarte corregir por la mano de Dios. El problema es cuando tenemos altivez camuflada que impide la formación. Charles Spurgeon, dijo en una ocasión: "Nunca, nunca estamos en peligro de ser tan orgullosos como cuando creemos que somos humildes". Todo hombre o mujer de Dios que ha alcanzado madurez y crecimiento en su vida y ministerio, lo ha logrado porque se dejó tratar, enseñar y moldear.

Mi consejo es que no permitas el orgullo, el resentimiento y la arrogancia en tu proceso de formación, ya que solo retrasas lo que Dios quiere hacer a través de ti. Más bien, en todo lo que ocurra a tu alrededor, debes ver la mano moldeadora del Dios Todopoderoso. Nunca huyas, ni te vayas cuando sientas presión y dolor.

Soporta el proceso, aunque tengas un llamado. No salgas antes de tiempo. Los líderes confiables son los que fueron probados y aprobaron.

La formación es aprender a esperar el tiempo para ser enviado. Jesús no comenzó inmediatamente su ministerio. Primeramente, se sujetó a sus padres terrenales (Lc 2:51), luego esperó a ser reconocido por la unción profética de su tiempo, Juan el Bautista (Mt 3:14). Después esperó la confirmación de su Padre celestial (Mt 3:17) y finalmente se sometió a la guía del Espíritu Santo (Mt 4:1).

Tristemente, he visto personas abandonar la banda de ensamblaje de la formación de Dios, y hoy están retrasados en sus agendas ministeriales por haber postergado o tratar de saltarse dicha formación. La preparación y el desarrollo de tu personalidad y de tu carácter será aquello que nunca finalizará. No habrá ningún día de tu vida donde no suceda algo que tenga que ver con ser formado por Dios. La meta es alta: Ser como Jesús. Esto demandará que al igual que el barro en manos del alfarero, nos dejemos moldear y que Él nos dé la forma que Él quiera, para que de esa manera podamos tener una vida y un ministerio que sobre todo agrade a Dios y a la misma vez transforme vidas.

DECLARACIÓN 📣

Padre, hoy confieso que soy tu hijo y que no huiré de tus tratos. Me dispongo a ser formado. Estoy dispuesto a ser tratado. Renuncio a toda arrogancia camuflada y saco a la luz toda soberbia escondida en mí. No me escaparé de la gente que Tú uses para formarme. Reconozco que necesito ser corregido. Gracias Dios por el proceso en el que tú me permites estar.

¡En el nombre de Jesús, Amén!

DEVOCIONAL 📖

Lectura Bíblica para hoy:

Jeremías 18, Filemón 1, Proverbios 29

Mi Palabra Rhema para hoy es:

____

____

Tiempo de oración:

De ___:___hrs a ___:___hrs.

DESAFÍO 66 🎯

El desafío de hoy si decides aceptarlo, es hacer una llamada telefónica a tu líder o pastor y pedir que te diga una o dos cosas que debes cambiar o mejorar en tu vida. Dile que por favor te diga algo, ya que si no eres corregido no puedes mejorar. Finalmente, pide que ore por ti y dale gracias por la corrección.

Para subir las fotos y contar el testimonio de tu desafío en redes sociales puedes utilizar el hashtag **#91DíasDeConquista.**

La Diligencia

*"El indolente no asa su presa, pero la posesión más preciosa del hombre es la
diligencia"*
Proverbios 12:27 LBLA

*El éxito en Dios nunca será una casualidad, más bien el resultado de un factor
determinante llamado carácter.* El apóstol Pablo vio la urgencia de la diligencia
en el desempeño ministerial cuando dijo: "En lo que requiere diligencia, no
perezosos; fervientes en espíritu, sirviendo al Señor" (Rom 12:11). El fundador
del Ejército de Salvación dijo: "Tus días aquí, sobre la tierra, no son muchos, así
que úsalos de la mejor manera posible, para la gloria de Dios y el beneficio de
tu generación." Para conocer el valor de la diligencia, hay que entender el daño
que causa la negligencia y la pereza en los negocios y en los asuntos del reino. La
negligencia tiene la apariencia de no causar daño, pero es malvada, porque ella
crea una postergación y una demora continua en los negocios y en las urgencias
del reino.

Thomas Watson dijo: "La pereza tienta al diablo a tentar". La negligencia y la
pereza son improductivas, de manera que generan descuido y distracción de la
misión asignada. Richard Baxter dijo: "La pereza genera amor a las diversiones."
No hay mentira más grande que decir "no tengo tiempo". Hay jóvenes que están
horas y horas jugando en internet; hay hombres que le pueden dedicar horas a
los partidos de fútbol; y hay mujeres que ofrendan horas y semanas enteras a las
telenovelas.

Es una mentira cuando decimos que no hay tiempo. No es falta de tiempo, sino
la negligencia y la flojera para las cosas de Dios. Los diligentes son personas
dispuestas e incluso rápidas en la ejecución de una tarea. Pero ante todo tienen
el carácter, no solo para iniciar algo, sino además para terminarlo. Aquí dejaré
algunas características de la gente diligente. Estas cualidades revelan por qué
tienen éxito en lo que ellos emprenden. Los diligentes son líderes que siempre
enriquecen y prosperan en aquella área en donde ponen su corazón (Pr 10:4); son
personas que manejan una mejor calidad de pensamientos (Pr 21:5); y poseen un
compromiso y una determinación por lograr las metas que se han propuesto

(Lc 15:8).

Si hay algo que tienen los discípulos o líderes que logran éxito en alguna área, en un trabajo o en un ministerio, es la rapidez para obedecer y la disposición a hacer cambios antes que el resto (Pr 13:4). De hecho, los diligentes siempre acaban gobernando y liderando. Me gusta mucho lo que dice Salomon: "La mano de los diligentes señoreará; Mas la negligencia será tributaria." (Pr 12:24). La versión Nueva Traducción Viviente dice: "Trabaja duro y serás un líder; sé un flojo y serás un esclavo."

Hoy es el día para renunciar a toda lentitud que perjudica el reino de Dios y es hora de ver la negligencia como un pecado ministerial. Se acabó el espíritu de postergación que dice: "Mañana evangelizo", "otro día hago mi célula", "en otra oportunidad visito a la gente que gané para Cristo". Nunca verás a un diligente como un seguidor; como cola; o como una víctima en la vida. De lo contrario, por su carácter y su espíritu veloz ante la instrucción; por la pasión a la misión; y su excelencia en la ejecución en los asuntos de Dios, siempre acabará gobernando.

DECLARACIÓN 📢

Padre Celestial, bajo la luz del Espíritu me levanto y confronto toda lentitud en mi vida. No permito el espíritu tardo, y renuncio a la pereza. Rechazo toda mentalidad de postergación y todo pensamiento de conformismo. Confieso que soy rápido para entender; soy presto a obedecer; y excelente en mi servicio. En este día, recibo revelación y la transferencia de la diligencia sobre mi vida.
¡En el nombre de Jesús, Amén!

DEVOCIONAL 📖

Lectura Bíblica para hoy:
Proverbios 10, 2 Crónicas 1, Proverbios 12

Mi Palabra Rhema para hoy es:

____

____

Tiempo de oración:
De ___:___hrs a ___:___hrs.

DESAFÍO 67 🎯

El desafío de hoy si decides aceptarlo, es levantarte en oración por un nuevo en la fe o por alguien que se dejó de congregar. La idea es que hoy lo vayas a visitar. Si no te contesta la llamada, igual llega a su casa con una Palabra de Dios. Habla, ora y profetiza sobre su vida.
Para subir las fotos y contar el testimonio de tu desafío en redes sociales puedes utilizar el hashtag **#91DíasDeConquista.**

"

Siendo Discípulo para hacer Discípulos

"Desde entonces muchos de sus discípulos le volvieron la espalda y ya no andaban con él. Así que Jesús les preguntó a los doce"
Juan 6:66 NVI

Para hacer discípulos, primero tienes que ser un discípulo. Algunos quieren hacer discípulos, pero no tienen la disposición para ser un discípulo, y esto no es compatible, ya que uno solo reproduce lo que es.

La palabra discípulo en hebreo, idioma del antiguo testamento, es *talmid*, que significa estudiante o pupilo. Y en griego, idioma del nuevo testamento es *matetes*, que significa alguien que se mantiene aprendiendo. Uno nunca se gradúa de la escuela de discipulado del reino. Somos alumnos de por vida.

Hay huellas que distinguen a un discípulo. La primera es que ha sido descontaminado del espíritu de querer ser primero. Ahora su pasión es ser segundo toda su vida, pues todo se trata de seguir a Cristo. Jesús les dijo a sus discípulos: "...Síganme..." (Mt 4:19 NTV). La segunda huella de un discípulo es que se deja herir, pero no ofender. Jesús dijo a sus discípulos: "Sabiendo Jesús en sí mismo que sus discípulos murmuraban de esto, les dijo: ¿Esto os ofende?" (Jn 6:61). Ser discípulos es el arte de dejarse herir sin ofenderse. Salomón dijo: "Fieles son las heridas del que ama..." (Pr 27:6). El discipulado va a herir y muchas veces va a ofender tu comodidad, tu mediocridad y la tibieza que tienes en tu vida y en el desempeño de las tareas del reino. No se puede hacer discípulos sin dolor, pues el dolor es un ingrediente que te forma y te eleva en Dios para alcanzar resultados mayores en el propósito. El pastor Rick Warren dijo: "No hay crecimiento sin cambio, no hay cambio sin pérdida y no hay pérdida sin dolor". La tercera huella determinante de un discípulo es que ama la palabra de Dios, la estudia y la guarda. Jesús les dijo: "Si permanecéis en mí, y mis palabras permanecen en vosotros..." (Jn 15:7). Un alumno estudia, pero un discípulo tiene un compromiso con la Palabra de Dios, de manera que se mantiene creciendo en revelación. Cuando crece la Palabra de Dios, hay un efecto de multiplicación: "Y crecía la palabra del Señor, y el número de los discípulos se multiplicaba grandemente..." (Hch 6:7). La cuarta huella de un discípulo es que ha tomado la cruz del compromiso. No solo recibe a Jesús en su corazón, sino que se rinde a Cristo y está dispuesto a decir no a su comodidad por amor a Cristo: "...Si alguno quiere venir en pos de mí, niéguese a sí mismo, y tome su cruz, y sígame." (Mt 16:24). El discípulo tiene el carácter para ser llevado donde no quiere ir y la disposición de hacer lo que no siente. En una oportunidad, Jesús le habla a Pedro y le dice: "Te digo la verdad, cuando eras joven, podías hacer lo que querías; te vestías tú mismo e ibas adonde querías ir. Sin embargo, cuando seas viejo, extenderás los brazos, y otros te vestirán y te llevarán adonde no quieras ir." (Jn 21:18 NTV) Esta huella denota además una disposición total de hacer y dejar todo lo que Dios le pida: "Y luego los llamó; y dejando a su padre Zebedeo en la barca con los jornaleros, le siguieron." (Mr 1:20).

Finalmente, otra huella significativa en un discípulo es que reproduce y multiplica lo que ha recibido de su Maestro y Señor. Dice el evangelio de Juan: "Cuando producen mucho fruto, demuestran que son mis verdaderos discípulos. Eso le da mucha gloria a mi Padre." (Jn 15:8 NTV).

Procura que siempre estas huellas estén plasmadas en tu vida, y que Dios levante a través de ti una generación de discípulos con la misma genética de reino.

DECLARACIÓN 📢

Señor, hoy recibo por la fe el espíritu y el corazón de un discípulo. Rindo mi vida para ser segundo y dejar que Cristo sea el primero en mi vida. Esto no se trata de mí, sino de Dios y de su reino. No hay relación o negocio que sea más importante para mí que el reino de Dios. No viviré enredado en las redes de este sistema. Declaro que estoy dispuesto a todo cambio y a dejar todo lo que Dios me pida. Mis pies son libres para moverme y para servir al propósito de Dios.
¡En el nombre de Jesús, Amén!

DEVOCIONAL 📖

Lectura Bíblica para hoy:
Mateo 16, Juan 6, Juan 21

Mi Palabra Rhema para hoy es:

____

____

Tiempo de oración:
De ___:___hrs a ___:___hrs.

DESAFÍO 68 🎯

El desafío de hoy si decides aceptarlo, es escudriñar si algún día recibiste una instrucción que nunca llevaste acabo. Quizá hay algo que ya ni recuerdes. Entonces llamarás a tu pastor o líder y le preguntarás si hay algo que un día te pidieron hacer y que no se hizo. Pide perdón y pide una nueva oportunidad para ejecutarlo. Habla con tu cobertura y dile que quieres ser un discípulo y estar a disposición para hacer todo lo que se necesite.
Para subir las fotos y contar el testimonio de tu desafío en redes sociales puedes utilizar el hashtag **#91DíasDeConquista.**

SEMANA 10
EL CORAZÓN

El Corazón que Dios Busca

"Porque los ojos de Jehová contemplan toda la tierra, para mostrar su poder a favor de los que tienen corazón perfecto para con él…"
2 Crónicas 16:9

Tu corazón es como un trono, y serás el producto de quien decidas sentar en él. La palabra hebrea por corazón es *labab* y la palabra griega en el nuevo testamento es *kardio*.

Es necesario captar la idea de que el corazón más que un órgano, es el eje central, alrededor del cual gira toda la vida del ser humano. Salomón declaró: "Como el agua refleja el rostro, así el corazón del hombre refleja al hombre." (Pr 27:19 NBLH). El corazón es la base sobre la cual se desarrolla el temperamento y el carácter del hombre. Es ahí donde se edifica nuestra personalidad, que luego nos define como personas. Además es la fuente de donde manan las convicciones y las determinaciones de la vida.

El evangelista D.L. Moody dijo en una ocasión: "Dios tiene dos tronos. Uno en lo más alto de los cielos y otro en el más humilde de los corazones."

Ahora Dios no solo desea ser parte de nuestro corazón, más bien quiere todo de él. Y aunque podamos pensar que es un lugar pequeño en nosotros, el corazón es un universo en nuestro interior. De hecho, es tan profundo, insondable e insaciable que no hay infraestructura, ni fama, ni riqueza, ni persona alguna que lo pueda llenar verdaderamente, solo Dios. El Señor está más atento a nuestro corazón que a cualquier otra área en nuestra vida. Por tal razón, la sinceridad, la transparencia y la fidelidad son tan imprescindibles si es que vamos a caminar con Él.

Es fundamental que en nuestro servicio a Dios y especialmente al entrar en la vida ministerial, sepamos por qué y para quién hacemos lo que hacemos. Nuestras motivaciones proceden de nuestro corazón, y si nos descuidamos podemos terminar haciendo la obra de forma correcta, pero incorrectamente, por tener un corazón desviado de Dios. El Señor nos advierte que nuestro corazón tiene la habilidad de engañar, de esconder y de aparentar lo que no es (Jer 17:9).

San Agustín dijo en una oportunidad: "Cuando un hombre descubre sus faltas, Dios las cubre. Cuando un hombre las esconde, Dios las descubre. Cuando un hombre las reconoce, Dios las olvida".

Al no tener un corazón recto, la motivación a la hora de servir tiende a ser una posición, un título o un beneficio personal. Pero Dios tarde o temprano desenmascara esa actitud y saca a la luz el servicio falso. Así está escrito del rey Amasías, quien hizo lo recto, pero no con un corazón perfecto (2 Cr 25:2). Incluso, la Biblia declara que los ojos de Dios recorren toda la tierra en búsqueda de un hombre que tenga un corazón perfecto para con Él. No está hablando de una persona perfecta, sino de un corazón sincero, dispuesto e incondicional para Dios. Lo que le llamó la atención a Dios de David, no era la habilidad que tenía con su honda, ni la hermosura que poseía, ni tampoco su valentía, sino su corazón. Era un joven puro y limpio en sus intenciones. Era apasionado totalmente por la presencia de Dios; amaba apasionadamente lo que Dios amaba; y odiaba intensamente lo que Dios aborrecía.

Igualmente nosotros hoy debemos pedir a Dios que forme ese corazón perfecto, puro y sincero que no solamente nos hará llevar fruto en el ministerio, sino que además nos dará permanencia en el tiempo, pero ante todo una vida que honre a Dios.

Que Dios pueda decir de ti y de mí un día lo que dijo de David: "…He hallado a David hijo de Isaí, varón conforme a mi corazón, quien hará todo lo que yo quiero." (Hch 13:22).

DECLARACIÓN 📢

Padre, en este día, vuelvo mi corazón a ti. Me levanto contra todos los sentimientos desordenados y pasiones extrañas que distraen mi corazón. En este día, se abre mi discernimiento para identificar todo lo que está fuera de orden en mi vida. Declaro que todo lo que se ha apagado por tu reino, en mi corazón, se vuelve a encender. Todo lo que se ha dormido en mi corazón tiene que despertar hoy. Corrijo toda motivación torcida. Recibo un corazón limpio y un espíritu recto para contigo. ¡En el nombre de Jesús, Amén!

DEVOCIONAL 📖

Lectura Bíblica para hoy:
Salmo 51, Juan 4, Proverbios 4

Mi Palabra Rhema para hoy es:

____

____

Tiempo de oración:
De ___:___hrs a ___:___hrs.

DESAFÍO 69 🎯

El desafío de hoy si decides aceptarlo, es ayunar en este día y pedir a Dios que ilumine tu corazón, ayudándote a detectar qué cosas en ti están estorbando la obra del Espíritu Santo. Lo esencial es que hoy escribas unas tres cosas que necesitas cambiar, y que te tomes un tiempo para arrepentirte delante de Dios. No solo arrepentirte, sino incluso estar dispuesto a cortar, a dejar y rendir lo que Dios te pide.

Para subir las fotos y contar el testimonio de tu desafío en redes sociales puedes utilizar el hashtag **#91DíasDeConquista.**

El Corazón de Hijo

*"Doy gracias al que me fortaleció, a Cristo Jesús nuestro Señor, porque me tuvo
por fiel, poniéndome en el ministerio"*
1 Timoteo 1:12

Dios ama a todas las personas, sin embargo edifica su visión con hijos. No porque
eres miembro de una iglesia significa que eres un hijo de la Casa. Los hijos son
aquellos a quienes se les reveló la paternidad divina, viendo a sus pastores como
sus padres espirituales. El apóstol Pablo afirma: "Pues, aunque tuvieran diez mil
maestros que les enseñaran acerca de Cristo, tienen solo un padre espiritual. Pues
me convertí en su padre en Cristo Jesús cuando les prediqué la Buena Noticia."
(1 Co 4:15 NTV).

Eliseo calificó para recibir el manto como sucesor del profeta Elías y la doble
porción de su unción cuando reconoció la paternidad de Elías. Y aunque Elías
nunca lo llamó hijo, Eliseo sí lo llamó padre: "Y aconteció que yendo ellos y
hablando, he aquí un carro de fuego con caballos de fuego apartó a los dos; y
Elías subió al cielo en un torbellino. Viéndolo Eliseo, clamaba: ¡Padre mío, padre
mío, carro de Israel y su gente de a caballo! Y nunca más le vio; y tomando sus
vestidos, los rompió en dos partes." (2 Re 2:11-12).

La gente es una bendición, no obstante, el mayor recurso de un ministerio son los
hijos a quienes Dios les reveló la visión de la Casa.

Veamos algunas cualidades de un hijo de la Casa. Es alguien para quien el reino es
su prioridad, sirve a Dios incondicionalmente. Un hijo de la casa es alguien que se
ha determinado a crecer espiritualmente, y se ha propuesto no ser una carga para
el reino. Además es alguien que se ha determinado a no causar dolor, sino a traer
reposo y felicidad al ministerio donde Dios lo ha sembrado. Este es un hijo cuya
meta es madurar, con el fin de no sobrecargar a sus pastores con problemas. Ha
desarrollado sabiduría y un sentido de responsabilidad para resolver conflictos en
la casa ministerial donde sirve. Es un hijo que ha aprendido obediencia, ya que
ama a sus pastores y toma sus consejos como un mandato de Dios para su vida. Y
aunque muchas veces no le agrade lo que le dicen, se deja formar y exhortar por
su cobertura. El hijo de la casa es un agente ministerial que vela que la misión

que le ha sido entregada, siempre se esté cumpliendo. Como hijo es un protector que no se escandaliza al ver las debilidades de sus autoridades espirituales, sino que sabe honrar y valorar el regalo de acceso que tiene a sus pastores. Al hijo de reino se le ha revelado el pacto, de manera que, no importando lo que esté pasando es confiable y constante en el servicio y en la honra a Dios, a su Casa y a su cobertura. La fidelidad, la pasión y el compromiso de estos hijos no es almático, pues no es del tipo de persona que un día está contigo aplaudiéndote, y otro día te abandona a escondidas.

En este día, declaro sobre ti que estás leyendo estas páginas, que se te revela paternidad y que el espíritu de orfandad es arrancado de tu vida. De ahora en adelante, no serás un miembro más en tu iglesia, sino un hijo incondicional de reino. Serás un hijo escudero, un hijo con corazón de discípulo y un hijo protector de la visión que Dios le dio a tus padres espirituales. "Y el esclavo no queda en la casa para siempre; el hijo sí queda para siempre." (Jn 8:35).

DECLARACIÓN 📢

Padre, gracias porque me has hecho tu hijo. Gracias porque me has dado una casa espiritual en donde servir. Hoy reconozco a mis pastores como mis padres espirituales. No solo seré un miembro de la iglesia, sino que seré un hijo de la casa. Renuncio a todo espíritu de obstinación que se resiste a la formación. Quebranto todo espíritu de división que desmiembra la iglesia donde me congrego. Hoy declaro que seré un escudero y un servidor en mi casa. No estoy para ser servido, sino para servir, levantar y sustentar la visión de los padres de la casa.
¡En el nombre de Jesús, Amén!

DEVOCIONAL 📖

Lectura Bíblica para hoy:
2 Reyes 2, Hechos 16, Génesis 18

Mi Palabra Rhema para hoy es:

____

____

Tiempo de oración:
De ___:___hrs a ___:___hrs

DESAFÍO 70 🎯

El desafío de hoy si decides aceptarlo, es llamar a los pastores de tu iglesia para hacer un pacto de ser un hijo o una hija de la Casa. En este día, te determinarás a nunca ser un errante o un vagabundo espiritual. Hoy será vital, que le comuniques a tus pastores que delante de Dios y no importando las presiones y problemas que vengan, te amarras a la visión de la Casa, al ministerio y a ellos como pastores. Si por alguna razón no puedes establecer un contacto con ellos, les harás llegar una carta de tu parte y con tu firma.
Para subir las fotos y contar el testimonio de tu desafío en redes sociales puedes utilizar el hashtag **#91DíasDeConquista.**

—— **“** ——

El Corazón de Siervo

"Es un hecho que, por la voluntad de Dios, David sirvió a su generación y, cuando murió, se fue a reunir con sus padres; pero su cuerpo no se corrompió."
Hechos 13:36 RVC

Solo los que aman genuinamente, sirven a Dios incondicionalmente. El servicio dejará una marca en tu generación que los vientos de la historia jamás podrán borrar. Jesús dejó una base firme y un fundamento sólido cuando dijo: "Pero entre ustedes no debe ser así. Al contrario, si alguno de ustedes quiere ser importante, tendrá que servir a los demás." (Mt 20:26 TLA). La versión NTV lo expone de la siguiente manera: "Pero entre ustedes será diferente. El que quiera ser líder entre ustedes deberá ser sirviente."

La base de nuestro compromiso y nuestro servicio a Dios debe ser el amor. Cuando no tenemos un corazón de siervo, podemos hacer tantas cosas esperando recompensas y aplausos. Esto puede ser dañino para un discípulo, porque cuando sirve con esta motivación y es adicto al reconocimiento y a la posición, la unción se estanca y deja de fluir.

La razón por la que el Señor nos llamó a ser siervos en su obra es para que podamos amar, servir y dar nuestra vida por personas que quizás nunca nos darán las gracias; por otros que no nos reconocerán y quizás hasta hablarán mal de nosotros, aunque nos hayamos dado por ellos. El apóstol Pablo dice: "Con gusto me desgastaré por ustedes y también gastaré todo lo que tengo, aunque parece que cuanto más los amo, menos me aman ustedes a mí." (2 Co 12:15 NTV).

Pero cuando tenemos un corazón de siervo nuestra única adicción es tener una nueva oportunidad para dar, para ayudar y para bendecir a alguien. Jesús es el mejor ejemplo de la historia en este punto, por la sencilla razón de que a pesar de ser el Líder por excelencia, Maestro de maestros, y el mismísimo Hijo de Dios, sabía que darse en amor y servicio era la base de su liderazgo. Fue capaz de tomar un lebrillo, una toalla y lavar los pies de sus discípulos, dejándonos una enseñanza de vida que se ha convertido en el fundamento de nuestro liderazgo. Gente famosa, ha habido mucha en la historia, no obstante personas verdaderamente grandes, hay pocas, puesto que la grandeza solo viene con servicio.

Nunca permitas que el orgullo te dicte que ya no debes servir, limpiando una mesa, un baño o ayudando a un hermano en algo práctico. El orgullo es un enemigo del servicio. Agustín de Apona dijo: "Fue el orgullo que cambió ángeles en demonios; es la humildad que hace que los hombres sean como los ángeles". El apóstol Pablo lo explica de la siguiente manera: "...el cual, siendo en forma de Dios, no estimó el ser igual a Dios como cosa a qué aferrarse, sino que se despojó a sí mismo, tomando forma de siervo, hecho semejante a los hombres..." (Fil 2:6-7). El servicio implica desprenderse de las cosas personales para poder ayudar y servir a otros. En otras palabras, habrá momentos en donde habrá que despojarse de su comodidad, por suplir la necesidad del prójimo. Habrá días de gran sufrimiento personal en donde la prioridad será el sufrimiento de otro. En más de alguna ocasión, el servicio se mostrará levantándose más temprano que el resto para orar por las personas, y por otro lado, acostarse más tarde por ayudar a otros. Aunque no siempre todo lo que vivas con la gente sea bueno o positivo, debes reconocer que la satisfacción que da el poder servir no se iguala a nada, ya que cuando sirves con amor, la gente es bendecida, pero mejor aún, tu vida es transformada. Tu servicio no ha sido en vano. Prepárate para oír testimonios poderosos este año. Escucharás a las personas testificar: "Desde aquel día que esta persona me dedicó tiempo, algo cambió en mi vida para siempre", o "ese día que vino aquel hermano a mi casa y oró por nosotros, nuestra familia vio el amor de Dios". Recuerda que un día también escucharás matrimonios decir: "Nuestra familia sirve gracias a que Dios y ustedes nunca se rindieron con nosotros". Es indescriptible lo que se experimenta en ese momento, ya que es ahí cuando dejas una marca en tu generación que no puede ser borrada. "Porque Dios no es injusto para olvidar vuestra obra y el trabajo de amor que habéis mostrado hacia su nombre, habiendo servido a los santos y sirviéndoles aún." (Heb 6:10).

DECLARACIÓN 📢

Padre, te alabo por la honra de ser un siervo para tu propósito. Pulverizo todo pensamiento de altivez que no me deja servir. Me desprendo de todo sentimiento de menosprecio y de rechazo que no le da valor al servicio. Renuncio al hambre por el poder. Quebranto los deseos de mi corazón por la posición. Declaro que es una honra y un privilegio servirte. Soy un servidor incondicional en tu reino. ¡En el nombre de Jesús, Amén!"

DEVOCIONAL 📖

Lectura Bíblica para hoy:
Mateo 20, Marcos 9, Marcos 10

Mi Palabra Rhema para hoy es:

____

____

Tiempo de oración:
De ___:___hrs a ___:___hrs.

DESAFÍO 71 🎯

El desafío de hoy si decides aceptarlo, es pensar en cómo puedas honrar y servir a una autoridad espiritual o a algún hermano de la iglesia. Puedes honrar y servir a tu padre o a tu madre con una dádiva. Incluso, puedes servir ayudando a un profesor en la escuela o a tu jefe en el trabajo. Tanto la honra como el servicio, te conecta a la unción de la persona que sirves.

Para subir las fotos y contar el testimonio de tu desafío en redes sociales puedes utilizar el hashtag **#91DíasDeConquista.**

❝

La Lealtad y la Fidelidad

"Y lo que has oído de mí en la presencia de muchos testigos, eso encarga (confía)
a hombres fieles que sean capaces de enseñar también a otros."
2 Timoteo 2:2 NBLH

Para Dios es imposible traicionar, porque no es parte de su naturaleza, que es inalterablemente leal e inexpugnablemente fiel. Pocos dolores en la vida causan tal nivel de impacto y angustia como la infidelidad. Además vale añadir que pocas cosas dan tal nivel de gozo y reposo como la fidelidad y la lealtad.

Hoy más que nunca se requiere de un ejército de reino que no solo sea valiente y de fe, sino también fiel y leal.

Pero, ¿cuál es la diferencia entre fidelidad y lealtad? Por ejemplo, la fidelidad está relacionada con el amor y el compromiso hacia alguien, mientras que la lealtad está asociada al compromiso con la realización del sueño y de la visión de la otra persona. En lo que respecta a Dios, pudiéramos decir que la fidelidad está relacionada con amar su persona y su presencia, mientras que la lealtad es amar su visión y su obra en la tierra.

La predicadora Kathryn Kuhlman, refiriéndose a la lealtad, dijo: "La lealtad es mucho más que un interés casual en alguien o algo. Es un compromiso personal."

Dios es fiel por naturaleza. No hay deslealtad en Él. De hecho, carece de la facultad de abandonar, traicionar o apostatar de alguien dentro de una relación. El apóstol Pablo afirma: "Si somos infieles, él permanece fiel; él no puede negarse a sí mismo." (2 Tim 2:13 RVC).

Cuando alguien ha sido engendrado por el Espíritu Santo, uno de los acontecimientos principales es que la genética divina de la fidelidad es reproducida en aquella persona. No solo hay una transferencia de poder del Espíritu, sino que además los engaños, los vicios de la infidelidad y de la traición son suprimidos y arrancados de nuestras vidas para recibir la esencia fiel de Dios.

La fidelidad es una cualidad indispensable en un discípulo y en un obrero del reino. El autor de la epístola a los Hebreos dice de Moisés: "Y Moisés a la verdad fue fiel en toda la casa de Dios, como siervo, para testimonio de lo que se iba a decir" (He 3:5). El apóstol Pablo escribe: "Doy gracias al que me fortaleció, a

Cristo Jesús nuestro Señor, porque me tuvo por fiel, poniéndome en el ministerio" (1 Tim 1:12).

El evangelista Billy Graham, hablando sobre el valor de la fidelidad, afirmó: "La tarea del creyente en esta vida no consiste en tener éxito, sino en ser fiel". En un ocasión mi esposa se encontró con una mujer que se había apartado de Dios. Ella le preguntó cómo estaba y por qué se había alejado, a lo que la mujer le respondió: "Le fui fiel a Dios tanto tiempo y nunca me dio lo que le pedí, y decidí al final no seguir en los caminos de Dios". Esta mujer realmente no tenía idea lo que era la fidelidad, ya que una persona que se aleja de Dios porque considera que ya ha sido fiel demasiado tiempo, solo evidencia un espíritu de traición. Hoy es un día para levantarte y confrontar toda infidelidad que puede estar escondida en tu vida. A veces pasamos por alto que venimos de antepasados de infidelidad; de padres que fueron infieles en el matrimonio; de parientes que se traicionaron entre ellos; o familiares que nunca se mantuvieron firmes y comprometidos con un ministerio, sino que han saltado de una iglesia a otra, y siempre hablando mal de otros ministerios. Por tal razón, hoy es tiempo de confrontación, pero también de revelación y de una mayor conciencia del poder de la lealtad y la fidelidad.

DECLARACIÓN 📣

Padre, Tú eres fiel. No importando lo que el hombre decida contra mí, tu fidelidad permanece para siempre. Hoy me levanto contra toda infidelidad y traición escondida en mi alma. Toda apariencia y toda falsedad es arrancada con violencia de mi corazón. Todo engaño que vi, que aprendí y que me fue transferido por la cultura de mi tierra y cualquier mal ejemplo que haya recibido de mis padres, es destruido dentro de mí. Declaro que soy un hijo fiel, y que el engaño, la trampa y la infidelidad no son parte de mi naturaleza.
¡En el nombre de Jesús, Amén!

DEVOCIONAL 📖

Lectura Bíblica para hoy:
1 Timoteo 1, Salmo 78, Juan 13

Mi Palabra Rhema para hoy es:

____

____

Tiempo de oración:
De ___:___hrs a ___:___hrs.

DESAFÍO 72 🎯

El desafío de hoy si decides aceptarlo, es hacer un estudio de tu vida y de tus relaciones. Hoy vas a renovar tu pacto con Dios, de serle fiel todos los días de tu vida. En segundo lugar, renovarás tu pacto de fidelidad con tu cónyuge e hijos. Además renovarás tu pacto con la casa ministerial en donde sirves. Le dirás a los pastores, que haces pacto de no irte jamás de la iglesia por problemas o por presión. Hoy escribirás un mensaje breve en un papel o en tu teléfono de tu fidelidad a Dios, otro a tu cónyuge e hijos y otro a tus pastores, y lo enviarás.
Para subir las fotos y contar el testimonio de tu desafío en redes sociales puedes utilizar el hashtag **#91DíasDeConquista.**

—————— **"** ——————

Un Corazón Apasionado

"Tú amas la justicia y odias la maldad; por eso Dios te escogió a ti y no a tus compañeros, ¡tu Dios te ungió con perfume de alegría!"
Salmo 45:7 NVI

La pasión es la determinación de amar, lo verdadero con todo tu corazón y la decisión de odiar lo falso con todas tus fuerzas. Sin pasión, nada importante o trascendente se ha logrado en la vida, sea bueno o sea malo.

No se ama verdaderamente, si no se sabe odiar. Nadie podrá amar a Dios genuinamente, si no aborrece las cosas del mundo. No basta con desear la excelencia, también se necesita aborrecer la mediocridad. Nadie caminará en prosperidad, si no detesta la pobreza. Y así como el amor es fundamental en un matrimonio, también lo es abominar el divorcio, si es que anhelamos el éxito y la paz matrimonial. Tienes permiso para odiar el pecado, pero nunca a la gente.

Dios cuando pide que le amemos, nos mueve a que sea con pasión: "Y amarás al Señor tu Dios con todo tu corazón, y con toda tu alma, y con toda tu mente y con todas tus fuerzas. Este es el principal mandamiento." (Mr 12:30).

La pasión es uno de los sentimientos más intensos que se producen dentro de una persona. Es un entusiasmo que domina tu voluntad y te provee una felicidad muy única, pero además provoca un dolor con el fin de hacer la obra con un mayor nivel de excelencia y con un espíritu de sacrificio.

La pasión es una motivación tan poderosa que tiene la capacidad de adormecer los sufrimientos de la vida, y mantenernos enfocados en el llamado. Dios a ti y a mí nos ama con pasión. Él no fue a la cruz por accidente, sino voluntariamente y por amor. Aún estando en la cruz con sus manos y sus pies clavados, le alcanzó la fuerza para ganar a un ladrón y llevárselo al paraíso. Esto es pasión.

En ciertas ocasiones, me he encontrado cansado, pero cuando alguien comienza a hablarme de algo que me apasiona, es como una inyección de adrenalina que enciende algo en mi espíritu. El cansancio se disipa, y el agotamiento desaparece por causa de aquello que me apasiona.

Uno de los consejos que le doy a toda persona que quiere mantener la pasión ardiendo es cuidar sus relaciones. Si dedicas tiempo a hablar sobre asuntos que desaniman, al finalizar la conversación estarás desmotivado. Mientras que, cuando hablas de aquello que te motiva, serás rejuvenecido y renovado. Cuídate de toda lectura, de comentarios, de relaciones e incluso de familiares que hablarán a tu alma con la intención de desenfocarte. Lee más bien libros que sabes que te activarán; oye enseñanzas que te instruirán; y relaciónate con otros obreros y gente de fe que te ayudarán a conservar viva la llama del compromiso y mantenerte enfocado en tu llamado. La pasión nunca produce sobras ni mediocridad, más bien siempre produce lo excelente, lo mejor y lo que más amas para el reino de Dios.

Un día, un joven quejándose de su célula y de las personas, me preguntó a qué se debía que su grupo celular no funcionaba y por qué no lograba hacer discípulos. Lo miré y le pregunté: "¿Es la célula y el levantar nuevos discípulos la pasión de tu vida? ¿Arde tu corazón por las almas, a tal punto que se te olvida comer? ¿Clamas en tu corazón por discípulos en las noches, de manera que, se te olvida dormir?" Me miró, y me dijo: "No". Entonces le expliqué que el problema no era su célula, ni las personas, sino la ausencia de pasión en su corazón. Porque cuando algo cambia en ti, algo cambia en la gente y en los discípulos alrededor de ti.

El pastor inglés Charles Spurgeon decía: "Necesitamos hombres ardiendo al rojo vivo, que irradien el fuego con tan intenso calor, que no podamos acercarnos sin sentir que nuestros corazones se están quemando."

DECLARACIÓN 📢

Señor, muéstrame qué cosas, qué relaciones y qué hábitos están apagando el fuego de tu llamado. Toda tibieza y apatía espiritual que me ha atacado, la combato y no le permito que me controle. Toda pasión que se pueda haber apagado, se enciende por el poder del Espíritu Santo. Declaro que no seré indiferente, ni indolente. Profetizo y ordeno a mi espíritu despertar y encenderse con el fuego de Dios. Hoy serviré con pasión a Dios y ministraré con compasión a las almas.
¡En el nombre de Jesús, Amén!

DEVOCIONAL 📖

Lectura Bíblica para hoy:
Salmo 45, Mateo 12, Juan 2

Mi Palabra Rhema para hoy es:

____

____

Tiempo de oración:
De ___:___hrs a ___:___hrs.

DESAFÍO 73 🎯

El desafío de hoy si decides aceptarlo, es hacer una vigilia de oración de cuatro horas en tu casa. Si invitas gente debes hacerlo bajo la supervisión de tus líderes. Durante las cuatro horas, debes hacer tres cosas: Lo primero es orar y quebrantar todo lo que hay en ti que apaga la pasión y clamar a Dios que encienda tu corazón con su presencia. Lo segundo es escuchar el tema "La Pasión de Dios" de Rodolfo Rojas en Youtube. Lo tercero es que escribirás todo lo que Dios te va mostrando o hablando que debe cambiar en tu vida. Compártele a tus pastores o líderes lo que Dios te haya mostrado. Para subir las fotos y contar el testimonio de tu desafío en redes sociales puedes utilizar el hashtag **#91DíasDeConquista.**

La Honra

"El hijo honra al padre, y el siervo a su señor. Si, pues, soy yo padre, ¿dónde está mi honra?" Malaquías 1:6A

La honra es el código que te da acceso, relevancia y prestancia en el reino. El problema es que la honra se ha vuelto como en una clave que nuestra generación no ha podido descifrar. Vivimos en un tiempo donde la llave de la honra ha sido olvidada. ¿Qué es realmente la honra? Es aquello que valoras más que a tu propia vida. La honra es una evidencia de reconocimiento, de valoración y de respeto. Es una expresión de admiración por alguien y una demostración de temor reverente por lo que alguien representa.

Dios espera, anhela y exige honra de sus hijos y desea que le honremos siempre con lo mejor: "Honra al Señor con tus riquezas y con lo mejor de todo lo que produces." (Pr 3:9 NTV).

De hecho, Dios honra, y honra a los hombres: "...sino que honraré a los que me honren, y los que me desprecien serán puestos en ridículo. Yo, el Señor, lo afirmo." (1 Sa 2:30b DHH). Y si Dios no tiene problemas para honrar a alguien que llamó, tampoco nosotros deberíamos tener dificultad con ello.

Cuando la honra se revela, cambia nuestra perspectiva en varias áreas. Una perspectiva que adoptamos, es saber que no somos nosotros haciéndole un favor a la iglesia cuando servimos, sino que es Dios dándonos el privilegio de servir en su obra.

Otra perspectiva que cambia, es cómo vemos la ofrenda; deja de ser el pensamiento tradicional del pastor pidiendo, sino más bien, el Señor dándonos el prestigio y estimándonos dignos de traer lo mejor y lo primero a su altar.

Realmente la honra es un código, y parte del protocolo del reino para acceder a nuevas dimensiones de bendición, de revelación y de unción.

Hay tres aspectos claves: La honra a Dios, la honra a tu llamado y la honra a tu cobertura.

A Dios lo honramos con nuestra adoración y siempre dándole a él lo mejor, poniendo su reino primero (Mal 1:6-9). Es necesario honrar el llamado de Dios. La epístola a los Hebreos dice: "Y nadie puede llegar a ser sumo sacerdote solo porque desee tener ese honor. Tiene que ser llamado por Dios para ese trabajo, como sucedió con Aaron. Por eso, Cristo no se honró a sí mismo haciéndose Sumo Sacerdote, sino que fue elegido por Dios..." (He 5:4-5). El llamado lo honramos con nuestro compromiso incondicional, y además produciendo un fruto que permanece.

La honra a la cobertura y a las autoridades espirituales también es otro aspecto fundamental. Un hijo de la casa es alguien que entiende que la honra es un punto de conexión para acceder a los dones, a la unción y a la revelación que Dios le ha dado a los padres espirituales, a un profesor de la escuela y a tus padres en casa. Una de las formas en cómo honramos es poniendo algo en las manos de una autoridad espiritual, como lo hizo la viuda con Elías, o la iglesia de Filipos con el apóstol Pablo (Fil 4:10-20). Igualmente, honras sirviendo, ayudando y apoyando a tu cobertura y a sus proyectos. Josué servía a Moisés (Jos 1:1); Eliseo servía a Elías (1 Re 19:21); y Timoteo servía al apóstol Pablo, como un hijo a un padre (Fil 2:22).

Hoy es el día de la revelación de la honra. Algo se destapará en tu espíritu y un manto de protección viene sobre tu vida por causa de la revelación de la honra a Dios, a tu llamado y a tu cobertura. Pablo exhorta a su hijo Timoteo a siempre honrar y doblemente a los que hacen la obra del ministerio con excelencia: "Los ancianos que dirigen bien los asuntos de la iglesia son dignos de doble honor, especialmente los que dedican sus esfuerzos a la predicación y a la enseñanza." (1 Tim 5:17 NVI).

DECLARACIÓN 📣

Padre, enséñame lo que es honra. Renuncio al menosprecio a tu reino. Tú eres y serás la prioridad absoluta de mi vida. Quebranto la genética de la deshonra, de la maldición y de la mediocridad. Hoy se me revela la honra. No daré algo, sino que daré lo primero. No daré algo, sino que daré lo mejor. No daré algo, sino que daré todo. Viviré para honrarte a ti, a tu llamado y a los padres espirituales que me has dado.

¡En el nombre de Jesús, Amén!

DEVOCIONAL 📖

Lectura Bíblica para hoy:
1 Samuel 2, Romanos 13, Hebreos 5

Mi Palabra Rhema para hoy es:

____

____

Tiempo de oración:
De ___:___hrs a ___:___hrs.

DESAFÍO 74 🎯

El desafío de hoy si decides aceptarlo, es pedirle a Dios que ilumine tu corazón. La idea es que descubras a qué autoridades en tu hogar, en tu escuela, en tu trabajo o en la iglesia, has deshonrado en alguna ocasión. Si los tienes cerca les pedirás perdón y pedirás a Dios que te muestre cómo honrarlos. La deshonra cierra puertas de favor, pero la honra te conecta y te da acceso a la unción y a la gracia que Dios le ha dado a una persona.

Para subir las fotos y contar el testimonio de tu desafío en redes sociales puedes utilizar el hashtag **#91DíasDeConquista.**

El Corazón Sano

"Cuídense unos a otros, para que ninguno de ustedes deje de recibir la gracia de Dios. Tengan cuidado de que no brote ninguna raíz venenosa de amargura, la cual los trastorne a ustedes y envenene a muchos."
Hebreos 12:15 NTV

Amar no es un sentimiento, sino una decisión del corazón. Asimismo el perdonar no es una emoción, sino una elección. En tu caminar con Dios vas a encontrar muchas situaciones, que si no las enfrentas con el corazón correcto, te harán tropezar y deslizarte del propósito divino. Dios es amor, sin embargo hay cosas que Él puede hacer, que por falta de un corazón sano, te pueden ofender. Por ejemplo, Marta y María estaban tristes y hasta desilusionadas con Jesús, porque no estuvo ahí cuando su hermano Lázaro estaba enfermo (Jn 11:21). En otras ocasiones, cuando Jesús enseñaba a las personas y especialmente a los religiosos, se ofendían: "Entonces acercándose sus discípulos, le dijeron: ¿Sabes que los fariseos se ofendieron cuando oyeron esta palabra?" (Mt 15:12). En una cierta ocasión, incluso hubo un éxodo de discípulos que no estuvieron de acuerdo con Jesús y comenzaron a abandonar al Señor: "Sabiendo Jesús en sí mismo que sus discípulos murmuraban de esto, les dijo: ¿Esto os ofende?…Desde entonces muchos de sus discípulos volvieron atrás, y ya no andaban con él." (Jn 6:61-66). Siempre hubo personas que, por tener un corazón equivocado veían u oían algo que le ofendía de Jesús. Esta fue la razón de porqué el Señor dijo, que eran bienaventurados los que a pesar de todo permanecían a su lado: "Dios va a bendecir a los que me ven hacer esto y no me abandonan." (Mt 11:6 TLA).
Si el Señor siendo perfecto en todo sentido de la palabra podía ofender mentes y escandalizar corazones por lo que decía o hacía, ¿qué nos queda a nosotros los pastores y líderes que tenemos tantos defectos?
Por tal razón, es imperativo que siempre guardes tu corazón; que nunca permitas que por ofensiva que sea una situación que experimentes en la iglesia o con la gente, dejes el ministerio y el llamado de Dios. Créeme, que en la iglesia siempre sucederán muchas situaciones con las personas; y no siempre serán buenas. La iglesia es una comunidad donde el Dios Todopoderoso y Perfecto habita en medio

de gente limitada y defectuosa. No obstante, cuando tienes un corazón sano, de la misma manera tendrás perspectivas sanas de la vida y de las situaciones. De manera que, aunque seas o te sientas tratado injustamente, verás en esos momentos el amor de Dios en acción, puliendo y perfilando tu carácter.

Después de muchos años sirviendo a Dios, puedo concluir que toda persona con un corazón herido se estanca en su fe, y deja de tener un avance espiritual, pero los que son moldeables y perdonan, siempre progresan. Debes considerar que vas a ser herido por diferentes situaciones o incluso por personas que amas, pero no huyas de tu pastor, de tu iglesia o de tus líderes, sino que perdona en tu corazón y no permitas que satanás gane ventaja en tu alma, porque: "Fieles son las heridas del que ama…" (Pr 27:6). La versión Traducción Lenguaje Actual dice: "Más te quiere tu amigo cuando te hiere que tu enemigo cuando te besa."

La gente con un corazón sano comprende, perdona y vuelve una situación de dolor en una escuela de formación y en un testimonio que edifique a otros.

DECLARACIÓN 📢

Padre, en ti mi espíritu y mi corazón están completos. Contigo nada me falta. Puedo ser atacado por el hombre, pero no permito ser herido. Soy libre de la gente para amarla y servirla. El rencor no me domina. La amargura no me controla. Hoy decido perdonar. Hoy me determino a amar a los que intencionalmente o sin darse cuenta me han lastimado. Hoy soy consciente que el enemigo incluso usará a mis hermanos para ofenderme. Pero soy libre para perdonar y para avanzar.
¡En el nombre de Jesús, Amén!

DEVOCIONAL 📖

Lectura Bíblica para hoy:
Mateo 6, Salmo 32, Proverbios 28

Mi Palabra Rhema para hoy es:

____

____

Tiempo de oración:
De ___:___hrs a ___:___hrs.

DESAFÍO 75 🎯

El desafío de hoy si decides aceptarlo, es que en la presencia del Espíritu Santo puedas inspeccionar la condición de tu corazón. Si disciernes que tienes asuntos pendientes con ciertas personas en tu vida, entonces toma la decisión de perdonar de corazón. Nombra a la persona por su nombre y dile en oración que la perdonas. Deja que Dios ilumine tu corazón y detecta si tú en alguna ocasión heriste a alguna persona. Con mucha humildad y sin tratar de defenderte ve o llama por teléfono y reconoce tu error y pide perdón. Si es alguien en tu casa, hazlo hoy y si es alguien del ministerio, espera encontrarte con la persona en la célula o en el culto del día domingo.
Para subir las fotos y contar el testimonio de tu desafío en redes sociales puedes utilizar el hashtag **#91DíasDeConquista.**

Sobre todo Guarda tu Corazón

"Sobre todas las cosas cuida tu corazón,
porque este determina el rumbo de tu vida."
Proverbios 4:23 NTV

El éxito de tu vida está determinado por lo que permites que entre en tu corazón. Somos hoy el resultado de todo lo que hemos depositado en nuestro corazón ayer, y seremos mañana el producto de todo lo que sembremos hoy.

¿Por qué el hombre más sabio que ha existido en la tierra nos insta a guardar nuestro corazón? Lo más obvio sería que el rey más rico que haya vivido, nos enseñe y nos exhorte a guardar el dinero, pero no. Su énfasis es lo más preciado para Dios, el corazón.

Solo guardamos con celo lo que estimamos y valoramos. Y la razón de guardar es porque obviamente algo se puede extraviar. Uno de los consejos más sabios que el apóstol Pablo le escribió a Timoteo está resumido en las siguientes cinco palabras: "Ten cuidado de ti mismo" (1 Tim 4:16). La pregunta es, ¿cómo te cuidas? Vigilando diariamente con celo lo que quiere entrar en tu corazón y que no pertenece ahí.

Martín Lutero, refiriéndose a la importancia de guardar el corazón, dijo en una ocasión: "Tengo tres perros peligrosos: la ingratitud, la soberbia y la envidia. Cuando muerden dejan una herida profunda."

Aquí te quiero nombrar algunas cosas que estropean y terminan desviando tu corazón de Dios y de su propósito. Primero que nada, cuídate del corazón incrédulo. Esto hace referencia a una decisión final de no creerle a Dios (He 3:12). Además debemos resguardarnos de no caer en la trampa de un corazón inconstante, es decir, una vida pendular, voluble y que cambia de acuerdo a las circunstancias. Personas que cargan dentro de sí la inconstancia, no son confiables para los asuntos del reino (Ez 16:30). Otro tipo de corazón peligroso es el corazón idólatra. Este es el corazón que pone otras cosas y a otras personas antes que a Dios y a su reino. Cree en Dios, pero no es su absoluta prioridad (Os 10:2, Mt 6:24).

En cuarto lugar, debemos cuidarnos de poseer un corazón rebelde. Esta es la vida desobediente que rehusa rendirse a la autoridad de Dios. Es la gente que siempre busca una excusa para rebelarse. (Jer 5:23).

Finalmente, es imperativo proteger nuestro corazón del orgullo, ya que esto fue lo que llevó al ángel más precioso de la creación a volverse en lo que hoy conocemos como el diablo (Ez 28:17). La Biblia dice que la altivez y el orgullo son los que siempre preceden a toda caída en nuestras vidas: "Delante de la destrucción va el orgullo, y delante de la caída, la altivez de espíritu." (Pr 16:18 LBLA). Una vez que el orgullo entra y posee a una persona, difícilmente se puede tratar con ella, ya que se ciega y se cierra. El orgullo puede llevar a Dios a decir que alguien por su corazón no tiene solución, "...y no hubo ya remedio." (2 Cr 36:16).

Que Dios diga que no hay remedio es porque la situación es crítica. No obstante, hay una forma de no caer en esta trampa, y es vivir reconociendo nuestras faltas y siempre estar dispuestos a humillarnos delante de Dios. Cuando te humillas, admites tu error, reconoces tu necesidad de Dios y de las personas que Él ha puesto cerca de ti. La Biblia, hablando de un rey que cayó en la trampa del orgullo, afirma: "Sin embargo, Ezequías y los que vivían en Jerusalén se arrepintieron de su orgullo. Así, mientras Ezequías estuvo con vida, Dios dejó en paz a los habitantes de Judá y de Jerusalén." (2 Cr 32:26 TLA).

Pide en estos momentos al Espíritu Santo que alumbre tu corazón, para que puedas identificar todo lo que está fuera de orden. El que se humilla, ¡Dios lo exalta!

DECLARACIÓN 📢

Espíritu Santo, ayúdame a detectar todo lo incorrecto que se ha infiltrado en mi vida. Te reconozco en mi camino y me humillo ante ti, Señor. Sin ti nada puedo hacer. Todo lo que soy y lo que tengo es por ti. Arranca de mi vida la obstinación y el corazón altivo. Guárdame Señor, de desviarme a causa de tener un corazón altivo que no quiere ser formado y que no quiere cambiar. Estoy determinado a guardar mi corazón.

¡En el nombre de Jesús, Amén!

DEVOCIONAL 📖

Lectura Bíblica para hoy:
Proverbios 4, Salmo 51, 1 Timoteo 4

Mi Palabra Rhema para hoy es:

____

____

Tiempo de oración:
De ___:___hrs a ___:___hrs.

DESAFÍO 76 🎯

El desafío de hoy si decides aceptarlo, es llamar a tu pastor o a una autoridad de la iglesia y pedirle por favor que te ayude, corrigiéndote. Pídele que te diga qué cosas ve en ti que necesitas cambiar o mejorar en tu vida, todo lo que puede ser un peligro para tu vida y en tu ministerio. Esto te ayudará a cuidar tu corazón. Después que hable contigo agradece y pídele que ore por ti.

Para subir las fotos y contar el testimonio de tu desafío en redes sociales puedes utilizar el hashtag **#91DíasDeConquista.**

SEMANA 11
LA VISIÓN

Naciendo a la Visión de Dios

"Y te multiplicaré en gran manera, y haré naciones de ti,
y reyes saldrán de ti."
Génesis 17:6

La visión de Dios no es para que nosotros la tengamos, sino para que ella nos posea a nosotros.

El pastor y autor Oswald J. Smith dijo en una oportunidad: "Yo he visto la visión, y para mí mismo, ya no puedo vivir."

Nuestro ministerio tiene una visión clara: "Levantar una generación de discípulos y líderes para Dios que ganen las naciones de la tierra". La recibimos en el año 2001 después de 21 días de ayuno, que además fue un tiempo crucial donde Dios me dio la palabra Rhema en Génesis 17:6, la cual es el fundamento que sostiene la visión que tenemos hasta hoy.

¿Por qué evangelizamos? ¿Por qué estamos levantando una generación para Dios? ¿Por qué hacemos discípulos? Todo lo que hacemos es por causa de la visión que nos dio el maravilloso Espíritu Santo.

Ciertamente es de gran importancia comprender que Dios tiene una sola iglesia en la tierra, sin embargo ha llamado y establecido diversos ministerios a través de los cuales Él manifiesta su presencia; expande su reino; y se glorifica.

Cada ministerio recibe de parte de Dios tres particularidades muy distintivas, siendo la primera, una autoridad espiritual única, que son los pastores de aquella casa. La segunda que le ha sido improntada es su propia genética y finalmente una visión singular que le distingue. Lo que caracteriza ciertas iglesias es por ejemplo la música, en otras la enseñanza, en otras el evangelismo, etc. En esta ocasión, vamos a centrarnos en la visión, porque así como has nacido al Reino de Dios, también es necesario que nazcas a la visión de la Casa y al ministerio en donde sirves. Es sumamente vital que tu espíritu se abra para que ames la visión del ministerio donde el Espíritu Santo te ha plantado.

A lo largo de muchos años, he visto cómo personas que no nacen a la visión de su ministerio, corren el peligro de quedar atrapadas en la maldición de ser "errantes y extranjeras" como lo menciona Génesis 4:14. Tristemente, estas son las personas que acaban sus días recorriendo todos los ministerios y nunca se establecen en ningún lugar. Su excusa, en muchas ocasiones, es que no encuentran una iglesia en donde se sienten bien; esperan un lugar que se acomode a ellos; y no un lugar donde puedan ser formados. Muchos de aquellos que vagan de ministerio en ministerio, no se dan cuenta que poseen un problema y que cargan una maldición de rechazo e inestabilidad. No sufrirán un cambio, a menos que la luz del Espíritu Santo rompa las cadenas que los tienen amarrados, y quite las vendas que los mantienen cegados.

Después del tiempo de ayuno mencionado al inicio de este capítulo, algo se rompió en mi alma, y al mismo tiempo, algo se activó en mi espíritu. Ha sido un fuego que no ha dejado de arder por Dios y por su visión hasta hoy.

Ha llegado el día, en que no solo conocerás la visión, sino que el Espíritu Santo te hará nacer de nuevo y te enamorará de esta visión de manera que comenzarás a ganar almas y hacer discípulos a las naciones. Pídele a Dios con todo tu corazón nacer a la visión de tu casa, y que a través de ti se levante una generación de discípulos que alcancen las naciones de la tierra con el evangelio del Reino.

¡Hoy es el día de tu alineamiento, de tu alumbramiento y de la activación en tu espíritu!

DECLARACIÓN

Padre, hoy recibo la revelación de tu visión y de la genética que le has dado al ministerio al cual pertenezco. Quebranto toda agenda personal escondida en mi vida, que puede estar saboteando tu visión en esta casa. Hoy me inmolo y me entrego para ver el sueño de mi ministerio hecho realidad. Nazco a su genética, a su unción y a la visión que tú le has dado. Esta no es una iglesia más para mí. ¡Esta es mi casa!

¡En el nombre de Jesús, Amén!

DEVOCIONAL

Lectura Bíblica para hoy:
Juan 3, Éxodo 25, Hechos 26

Mi Palabra Rhema para hoy es:

____

____

Tiempo de oración:
De ___:___hrs a ___:___hrs.

DESAFÍO 77

El desafío de hoy si decides aceptarlo, es pedirle a tu pastor o a tu líder que te imponga las manos y te transfiera el espíritu de la visión. Determínate a entender el corazón de tus pastores y apóstoles, y además comprender la visión que Dios les ha dado.

Acepta que la visión de tu casa ministerial tiene que ser una carga y una pasión a la cual te dedicarás por el resto de tu vida.

Para subir las fotos y contar el testimonio de tu desafío en redes sociales puedes utilizar el hashtag **#91DíasDeConquista**.

———— **"** ————

Entendiendo la Visión de Dios

"¿No hizo él uno, habiendo en él abundancia de espíritu? ¿Y por qué uno? Porque buscaba una descendencia para Dios. Guardaos, pues, en vuestro espíritu, y no seáis desleales para con la mujer de vuestra juventud."
Malaquías 2:15

Dios te da vida, pero Su visión te da propósito. No hay nada mejor que invertir la vida en el reino de Dios y en su visión.

El pastor Francis Chan, dijo: "No hay mayor fracaso que tener éxito en las cosas que no importan en la eternidad".

Cuando comprendemos el "por qué" de la visión, logramos atrapar el verdadero espíritu de esta casa, ya que poseemos la revelación que es Dios mismo quien tiene un deseo ardiente de levantar una generación y que es Él, quien anhela fervientemente que las naciones sean salvas. Es en este momento cuando algo se activa y se despierta en nuestro espíritu. Es una urgencia, un llamado y un propósito que se enciende inmediatamente en el corazón. Es un fuego divino que te aprisiona y termina dominando toda tu vida.

La Biblia nos muestra acerca del profeta Jeremías, cuando decidió no profetizar más: "Hay días en que quisiera no acordarme más de ti ni anunciar más tus mensajes; pero tus palabras arden dentro de mí; ¡son un fuego que me quema hasta los huesos! He tratado de no hablar, ¡pero no me puedo quedar callado!" (Jer 20:9 TLA). Esto es exactamente lo que sucede cuando la visión de Dios te controla apasionadamente, pues aún cuando tu voluntad se opone, la visión atrapa todo tu tiempo y toda tu agenda. El apóstol Pablo le escribe a su hijo en la fe sobre esto: "Predica la palabra; mantente dispuesto a tiempo y fuera de tiempo..." (2 Tim 4:2 RVA-2015).

Para poder captar este concepto correctamente, es fundamental entender que la visión no ha nacido en la mente de un hombre, de un liderazgo o de una iglesia, sino que indudablemente es del Espíritu Santo. Él es quien nos la ha delegado como ministerio, para darnos una identidad y una huella digital con la que podamos marcar nuestra época y nuestras generaciones.

En todo lo que hacemos está el sello de Dios: Evangelizamos, porque es el deseo de Dios que la gente sea salva (Mr 16:15). Afirmamos a los nuevos, porque es el deseo de Dios que la gente persevere hasta el fin (1 Pe 5:10). Enseñamos e impartimos, porque es el deseo de Dios que hagamos discípulos a todas las naciones (Mt 28:19). Equipamos y enviamos, porque es el deseo de Dios que cada uno de sus hijos desarrolle su llamado y pueda tener una vida ministerial activa (Hch 13:2-3).

Ganar almas y hacer discípulos siempre han sido y serán el eje central de la visión de Dios. Una de las últimas pautas que Jesús, con mucha claridad, dejó establecidas antes de ascender a los cielos fue: "...Toda potestad me es dada en el cielo y en la tierra. Por tanto, id, y haced discípulos a todas las naciones, bautizándolos en el nombre del Padre, y del Hijo, y del Espíritu Santo; enseñándoles que guarden todas las cosas que os he mandado; y he aquí yo estoy con vosotros todos los días, hasta el fin del mundo. Amén." (Mt 28:18-20).

Estas palabras de Jesús es lo que hoy conocemos como "La gran comisión". Ésta debe ser nuestra gran prioridad, sin embargo cuando no se ha nacido a la visión de Dios, hacemos de ella la gran suposición.

Determínate que la visión para ti jamás será una sugerencia, sino que hoy tu corazón nacerá a la visión y tu mente se abrirá para comprender el sueño de Dios.

DECLARACIÓN 📢

Padre, hoy por tu Espíritu comprendo que esta visión no se trata de mí, sino de tu pasión y de tu sueño. Renuncio a vivir para mí mismo. Se despierta en mi corazón una mayor pasión por tu presencia y se enciende en mi espíritu una unción para ganar almas y una poderosa unción de multiplicación para hacer discípulos. Recibo entendimiento para enseñar esta visión e impartirla en otros creyentes. No podré vivir sin hacer discípulos, porque estoy en esta tierra para levantar una generación para ti. ¡Tu visión es la pasión de mi vida!

¡En el nombre de Jesús, Amén!

DEVOCIONAL 📖

Lectura Bíblica para hoy:
Hechos 1, Hechos 8, Hechos 13

Mi Palabra Rhema para hoy es:

____

____

Tiempo de oración:
De ___:___hrs a ___:___hrs.

DESAFÍO 78 🎯

El desafió de hoy si decides aceptarlo, es apartar un tiempo para oír el tema *Reactivando el Sentido de Recuperación*, en el enlace: https://www.youtube.com/watch?v=tS7549_yDEI

A continuación comenzarás un tiempo de intercesión por tres personas que se hayan apartado de Dios o de la iglesia. Luego les llamarás y establecerás un día para visitarles y saber cómo están. Si tu tiempo lo permite, visita a alguien hoy mismo, pues el Espíritu Santo te abrirá las puertas.

Para subir las fotos y contar el testimonio de tu desafío en redes sociales puedes utilizar el hashtag **#91DíasDeConquista.**

Una Visión de Multiplicación

*"Mirad a Abraham vuestro padre, y a Sara que os dio a luz; porque cuando no
era más que uno solo lo llamé, y lo bendije y lo multipliqué."*
Isaías 51:2

*Todo lo que Dios ha creado y a quienes ha llamado los ha bendecido con una
capacidad multiplicadora.*

He aprendido que la vida, las personas y las situaciones cargan sus propias
matemáticas. Por ejemplo, podemos ver que hay gente que suma, hay situaciones
que restan, tenemos un enemigo empeñado en dividir, pero por sobre todo,
poseemos un Dios comprometido a multiplicar.

Dios nunca ha necesitado mucho para multiplicar, solo uno es suficiente. Siempre
todo lo que Él inicia, es con uno. Si hoy estás solo, ¡estás en la situación perfecta!
Eres todo lo que Dios necesita. ¡Tu tiempo para la multiplicación ha iniciado!

Los dos primeros mandatos que el hombre recibió cuando fue creado por Dios
fueron: "...Fructificad, multiplicaos..." (Gn 1:28). En la época de Noé, Dios
reinició todo con el diluvio, y estas fueron las palabras que les dijo: "Bendijo
Dios a Noé y a sus hijos, y les dijo: Fructificad y multiplicaos, y llenad la tierra."
(Gn 9:1). Estos versos no son solo palabras, sino mandatos impartidos por Dios
en el espíritu de cada hombre y mujer.

Dios ha puesto en nuestra genética la capacidad de multiplicarnos. Es por esta
razón que la esterilidad causa tanto dolor y angustia a quien la padece. En el caso
de Abraham, Dios lo llamó y le habló de la multiplicación, siendo él ya de edad
muy avanzada y teniendo una esposa estéril. Ciertamente, la promesa que Dios
le había dado era ilógica y muy absurda para la mente humana, ya que le hablaba
de una descendencia como las estrellas que por su multitud no se podían contar
(Gn 15:5 TLA).

Me imagino que cuando Abraham escuchó eso, lo primero que tiene que haber
hecho, es haber dudado y exigido una explicación, o haber cuestionado. No
parecía una promesa, más bien una burla, pues era algo humanamente imposible.
Sin embargo, dice la Biblia que Abraham "...creyó a Jehová y le fue contado por
justicia." (Gn 15:6). Lo maravilloso de esta historia, es que hoy al ver la nación

de Israel tenemos esa promesa hecha realidad delante de nuestros ojos. A través de Abraham, Dios nos está dejando una enseñanza a nosotros como líderes, que es que Él quiere iniciar ese mismo proceso de multiplicación en nosotros, en tu célula, en tu grupo familiar o en la iglesia a la que asistes, que lideras o que vas a iniciar. Es un ministerio que carga el ADN de Dios, y que aunque ahora lo puedas hasta dudar, un día de ahí se levantarán miles de personas.

La multiplicación inicia con un milagro de Dios. Es por esta misma razón que Dios escogió a personas como Abraham y Sara, que no pudieran gloriarse a sí mismos de esa descendencia, sino que siempre supieran que esto solo lo pudo hacer Dios.

El tiempo viene y ahora es, donde exclamarás con admiración las siguientes palabras del profeta Isaías: "Alza tus ojos alrededor, y mira: todos éstos se han reunido, han venido a ti…Porque tu tierra devastada, arruinada y desierta, ahora será estrecha por la multitud de los moradores, y tus destruidores serán apartados lejos. Aun los hijos de tu orfandad dirán a tus oídos: Estrecho es para mí este lugar; apártate, para que yo more. Y dirás en tu corazón: ¿Quién me engendró éstos? Porque yo había sido privada de hijos y estaba sola, peregrina y desterrada; ¿quién, pues, crió éstos? He aquí yo había sido dejada sola; ¿dónde estaban éstos? Así dijo Jehová el Señor: He aquí, yo tenderé mi mano a las naciones, y a los pueblos levantaré mi bandera; y traerán en brazos a tus hijos, y tus hijas serán traídas en hombros." (Is 49:18-22).

DECLARACIÓN 📢

Padre, gracias porque este es mi día para recibir revelación y unción de multiplicación. Toda esterilidad es quebrantada. No acepto la improductividad en mi vida ministerial. Declaro que tengo la genética y la promesa de mi padre Abraham. Veré una generación tan numerosa como las estrellas. Me multiplicaré sobrenaturalmente y veré una descendencia como la arena a la orilla del mar. Me esforzaré, trabajaré y con la ayuda de la unción del Espíritu y Su favor, lo podré realizar.

¡En el nombre de Jesús, Amén!

DEVOCIONAL 📖

Lectura Bíblica para hoy:
Juan 1, Hechos 6, 2 Reyes 4

Mi Palabra Rhema para hoy es:

____

____

Tiempo de oración:
De ___:___hrs a ___:___hrs.

DESAFÍO 79 🎯

El desafió de hoy si decides aceptarlo, es llamar a tu pastor o a tu líder a quien Dios ha respaldado y multiplicado, y le pedirás consejos que te ayuden a tener un mayor crecimiento ministerial. Además le pedirás que ore por ti y que te imparta algo de esa unción, capacidad y respaldo que Dios le ha dado.

Para subir las fotos y contar el testimonio de tu desafío en redes sociales puedes utilizar el hashtag **#91DíasDeConquista.**

La Genética Apostólica de la Visión

"Como tú me enviaste al mundo, así yo los he enviado al mundo."
Juan 17:18

La palabra apóstol viene del griego Apostolos, que significa enviar o enviado. Dios mismo es apostólico. El Padre envió a su hijo para redimir a la humanidad (Jn 3:17); Cristo nos envió el Espíritu Santo para ser investidos del poder de lo alto (Jn 15:26); El Espíritu Santo envío a la iglesia hasta los confines de la tierra para que fuesen testigos de la obra de Cristo (Hch 1:8); y la iglesia tiene una naturaleza apostólica con la que debe equipar y enviar creyentes para realizar la obra del ministerio (Hch 13:1, Ef 4:11-12).

El deber de un discípulo es levantar creyentes que operen bajo una visión y una unción apostólica. Con esto no me refiero a que necesariamente seas un apóstol, pero sí que puedas trabajar bajo dicha unción.

Esto implica la ejecución de una tarea concreta que deben realizar los creyentes apostólicos con las siguientes cualidades:

Primeramente, son cristianos que saben ministrar a Dios. En el libro de los Hechos 13:2 dice: "Ministrando éstos al Señor…" En este verso la palabra griega utilizada por ministrar es leitourgeo, de donde proviene la palabra liturgia, la cual significa, rendir culto, ofrecer adoración y dedicarse al uso exclusivo de Dios (Hch 13:1-4).

Lo segundo es que son creyentes que están conectados a las enseñanzas y a las imparticiones de autoridades apostólicas (Hch 2:42).

Lo tercero es que son discípulos pioneros. Son vanguardistas que van delante, no porque poseen el deseo de ser primeros, sino porque han sido enviados. Estos enviados son respaldados por Dios porque respetan la agenda divina y están conectados a la autoridad de la casa (Lc 10:1).

Lo cuarto es que son discípulos de conquista; es decir, hombres y mujeres con una unción única territorial. Poseen pies apostólicos, de manera que donde pisan para predicar, finalmente se tiene que abrir una iglesia (Hch 11:19-26). Imagínate que tengas tanto éxito en tu célula o en tu grupo familiar, que se deba iniciar una iglesia por la multitud de gente que asiste.

Lo quinto es que son discípulos de gobierno, que manejan un código de autoridad.

Saben que no pueden adueñarse de nada dentro de un ministerio, pues nada les pertenece y todo es del reino (Hch 4:32 TLA). Los cristianos en el libro de los Hechos no dijeron: "Nosotros somos los que iniciamos esta obra, así que nosotros somos los pastores de esta iglesia". No poseían esta actitud porque conocían códigos de autoridad y sabían que la iglesia enviaría los líderes.

Lo sexto es que son discípulos altamente resistentes, que pueden seguir operando bajo fuertes presiones y persecuciones sin rendirse, ni abandonar (Hch 4:29-30).

Lo séptimo es que son discípulos multiplicadores, que saben que deben fructificar no importando la oposición (Hch 11:24).

Oro que venga sobre ti una revelación de la unción apostólica y que estas siete cualidades se comiencen a manifestar poderosamente en ti.

DECLARACIÓN

Padre, gracias porque me has dado una naturaleza apostólica. Aunque no sea un apóstol, cargo en mi espíritu un código apostólico. He sido escogido, llamado y enviado para cumplir tu misión, de ganar almas y hacer discípulos en esta tierra. Tu visión no es un pasatiempo, ni una actividad más para mí, sino que es mi asignación de vida.

Espíritu Santo, Tú estás conmigo y no importando dónde el Padre me envíe o la oposición que se levante, conozco la unción que he recibido. Soy un agente de rompimiento, de activación y de multiplicación sobrenatural.

¡En el nombre de Jesús, Amén!

DEVOCIONAL

Lectura Bíblica para hoy:
Efesios 4, Romanos 12, Hechos 11

Mi Palabra Rhema para hoy es:

____

____

Tiempo de oración:
De ___:___hrs a ___:___hrs.

DESAFÍO 80

El desafío de hoy si decides aceptarlo, es oír el tema ministrado por el Apóstol Rony Chaves, con el título *La última gran reforma*, en el cual recibirás enseñanza acerca de lo apostólico y el avance del reino;
en el siguiente enlace: https://www.youtube.com/watch?v=UfcEfVaZHM0.

Para subir las fotos y contar el testimonio de tu desafío en redes sociales puedes utilizar el hashtag **#91DíasDeConquista.**

La Visión Activa la Unción

"Por lo cual, oh rey Agripa, no fui rebelde a la visión celestial"
Hechos 26:19

La visión de Dios es como un río poderoso que te atrae, te atrapa y te lleva. La obediencia a la visión activa la unción, mientras que la desobediencia la apaga. De hecho, solo tendrán éxito los discípulos que tengan corazones obedientes y comprometidos, pues cuando viven para ella, Dios se encarga de darles provisión. La visión es lo que Dios nos ha enviado a hacer, mientras que la unción es lo que Él ha prometido manifestar. Cuando leemos Mateo 28:19-20, podemos ver claramente un orden divino establecido. Lo primero que observamos es el trabajo de la visión, y posteriormente vemos la presencia de Dios prometida siendo manifestada. Es decir, primero Jesús instruye: "Por tanto, id, y haced discípulos a todas las naciones..." y luego concluye diciéndoles: "...y he aquí yo estoy con vosotros...". Primeramente está la orden de discipular las naciones, y como resultado el respaldo de la presencia y la unción de Dios manifestándose.

Tanto la presencia como el poder de Dios, no son un fin en sí mismos. Desear únicamente la presencia de Dios, solo por el placer de experimentar nuevas sensaciones, que además no nos conducirán a realizar las tareas del Padre en el reino, es muy peligroso. De hecho, el poder que fue derramado en Pentecostés tenía un propósito claro; que los creyentes fuesen testigos desde un punto local específico hasta los últimos confines de la tierra. Tanto el poder de Dios, como la Presencia del Espíritu Santo no tenían como intención quedarse en el creyente, sino fluir a través del creyente hacia otros.

La idea de Dios es la evangelización de cada ser humano y el discipulado de cada nación. Vas a descubrir que la visión de Dios tiene el poder de encender lo que está apagado en ti, cuando comienzas a vivir para ella.

Quiero que observes este detalle: Cuando evangelizas, es a causa de que la gente necesita a Cristo, pero el evangelismo lo necesitamos nosotros. ¿Cómo es esto? El incrédulo necesita al Cristo que predicas, pero nuestra necesidad es vivir evangelizando para mantener encendida la llama de la pasión por las almas. Es el nuevo creyente quien necesita ser visitado, afirmado y consolado, pero la consolidación la necesitamos nosotros, debido a que la consolidación despertará en nosotros la compasión y un celo por el cuidado de los nuevos. Debes cuidar la llama de la visión, haciendo el trabajo que la visión te demanda.

Creo firmemente, que algo muere en un creyente el día que solo vive para su sillón y su televisión. De igual manera sé que un fuego sobrenatural se enciende y se activa, cuando se comienza a cumplir con la visión de Dios. Deja que la visión de Dios domine y controle tu vida. No seas tú quien decida lo que vas a hacer hoy, sino que sea ella quien te guíe.

Es mi anhelo que lo que Cristo le dijo a Pedro también sea una realidad para nosotros hoy: "...Te aseguro que cuando eras más joven, tú mismo te ajustabas la túnica con el cinturón e ibas a donde querías; pero, cuando seas viejo, tendrás que extender los brazos y será otro quien te atará y te conducirá a donde no quieras ir." (Jn 21:18 BLP).

No controles la corriente de la visión de Dios en tu vida, más bien déjala que te conduzca y pueda llevarte hacia donde quiere. "...pero la corriente se había convertido ya en un río que yo no podía cruzar. Había crecido tanto que solo se podía cruzar a nado." (Ez 45:7 NVI).

DECLARACIÓN 📢

Padre, gracias por tu llamado. ¡Contigo mi vida tiene propósito! Bajo tu visión nunca viviré en confusión. Tu visión se hace cada día más clara para mí. Tus planes y tus propósitos se revelan poderosamente a mi espíritu y la unción que hay en mí no se estancará jamás.

Viviré para tu deseo, para tu sueño y tu visión. Mientras viva para tu reino, veré cómo tu unción crece, aumenta y se multiplica poderosamente en mi vida.

¡En el nombre de Jesús, Amén!

DEVOCIONAL 📖

Lectura Bíblica para hoy:
1 Samuel 9, 1 Samuel 16, 1 Juan 2

Mi Palabra Rhema para hoy es:

____

____

Tiempo de oración:
De ___:___hrs a ___:___hrs.

DESAFÍO 81 🎯

El desafío de hoy si decides aceptarlo, es elaborar una meta que te presione en el trabajo que realizas para Dios, por ejemplo, ganar un mayor número de casas o personas para Cristo, o quizás puede ser, consolidar el mayor número de personas posibles en tu jornada o durante la semana. Ponte una meta que te desafíe y te presione para dar mayor fruto. No te vayas a descansar hoy sin lograr un fruto ministerial.

Para subir las fotos y contar el testimonio de tu desafío en redes sociales puedes utilizar el hashtag **#91DíasDeConquista.**

La Unción Territorial

"Así fueron sometidos los filisteos, y no volvieron más a entrar en el territorio de Israel; y la mano de Jehová estuvo contra los filisteos todos los días de Samuel."
1 Samuel 7:13

La visión de Dios carga un mandato de responsabilidad por la posesión territorial. Dios es territorial y uno de los primeros mandatos a la primera pareja fue señorear la tierra (Gn 1:28). Cuando Dios llamó a Abraham le dio la orden de mirar la tierra y de caminar por ella (Gn 13:15, 17). La asignación encomendada a Josué era de conquistar y repartir la tierra en heredad a los hijos de Israel (Jos 1:6). Al apóstol Pablo lo vemos tomando dominio espiritual y territorial a través del mensaje de reino, llenando Asia con el evangelio (Rom 15:19-20).

Cuando la visión de Dios es una revelación, comprendemos que esta incluye dos elementos fundamentales, los cuales son tierra y gente.

Quien gana un territorio, junto con él, posee todo lo que hay dentro de él. Quien gana una persona de un cierto lugar, también comienza a afectar el territorio donde esta persona vive.

Dios nos unge para liberar personas, y además para operar, trabajar y romper en territorios específicos.

Muchas personas cuando me visitan aquí en Suecia, notan detalles del país como su clima, la sociedad o la oposición espiritual. Me preguntan si me siento incómodo al ministrar; e incluso pastores me han confesado que jamás podrían vivir en una cultura como la sueca.

Sé que cuando estás ungido por Dios para un territorio específico. Tu forma de ver el lugar cambia y todo se transforma. Suecia es para mí, un país bello, Estocolmo es una capital preciosa, y no lo digo en fe, sino que esto es una realidad para mí. Cuando estoy haciendo viajes ministeriales y puedo regresar nuevamente a mi tierra, digo: "No hay lugar como este". A pesar de la fuerte opresión y persecución espiritual, yo tengo certeza que aquel que está en mí es mucho más poderoso.

Nadie puede tener éxito en una tierra que no ama y que continuamente maldice. En 1 Samuel 7, vemos cómo el profeta Samuel se levanta a clamar por Israel y así libra su territorio. La unción apostólica y profética que Samuel tuvo, fue única. Este hombre se convirtió en un policía profético que rodeaba y patrullaba los terrenos, cuidándolos con una continua intercesión profética. La unción del Espíritu sobre el profeta era tan fuerte que su presencia mantenía a los enemigos lejos del dominio de Israel.

La Palabra de Dios nos revela que aún los espíritus tienen naturaleza territorial. Lo vemos cuando en una ocasión, un espíritu inmundo le pidió a Jesús que no lo echara del territorio donde habitaba. "Y le preguntó: ¿Cómo te llamas? Y respondió diciendo: Legión me llamo; porque somos muchos. Y le rogaba mucho que no los enviase fuera de aquella región." (Mr 5:9-10).

Hoy es el tiempo de levantarte a creer por el barrio, por la comuna o el sector donde vives. Entra en oración y ayuno, toma tiempo para interceder y ten la convicción que esos dominios son para el reino de Dios. Luego debes salir a invadir las casas con el amor y el poder del evangelio. Recuerda la promesa que nos pertenece: "Yo os he entregado…todo lugar que pisare la planta de vuestro pie." (Jos 1:3).

DECLARACIÓN 📣

Padre Eterno, gracias por la unción y la autoridad territorial que tengo en tu nombre y por ser tu hijo. Hoy me pongo en la brecha por mi territorio, por mi nación y mi generación. Destrono toda fuerza del enemigo y arranco toda planta de engaño sembrada en mis territorios. Todo lugar donde trabajo, ministrando personas, o donde he establecido mi célula son liberados de la potestad de las tinieblas. Declaro que donde ponga mi pie, amanece la luz divina. Todo lo que piso es lo que poseo.

¡En el nombre de Jesús, Amén!

DEVOCIONAL 📖

Lectura Bíblica para hoy:
1 Samuel 7, Marcos 5, Romanos 15

Mi Palabra Rhema para hoy es:

____

____

Tiempo de oración:
De ___:___hrs a ___:___hrs.

DESAFÍO 82 🎯

El desafío de hoy si decides aceptarlo, es hacer una caminata de oración, por un territorio donde has establecido ganar almas, abrir nuevas casas o ver un mayor número de células. Deberás salir esta tarde con dos o tres personas a caminar por el lugar asignado. Vas a orar, hacer guerra espiritual y reclamarás el territorio para el reino de Dios. Si nadie puede acompañarte en este desafío, realízalo solo. Determina un día en el que saldrás a ganar almas en ese lugar, ya que no se puede despejar un territorio espiritualmente, si luego no se toma con un evangelismo agresivo.

Para subir las fotos y contar el testimonio de tu desafío en redes sociales puedes utilizar el hashtag **#91DíasDeConquista.**

La Visión y la Compasión

*"En aquellos días, como había una gran multitud, y no tenían qué comer, Jesús
llamó a sus discípulos, y les dijo: Tengo compasión de la gente porque
ya hace tres días que están conmigo, y no tienen qué comer"*
Marcos 8:1-2

Sin dolor, no hay fruto en el trabajo de la visión. El dolor en la visión es espiritualmente saludable. Antes de la multiplicación de los panes y los peces, Jesús tuvo dolor y compasión por la gente que se había reunido para oírlo. El dolor antecede a la multiplicación.

Existen tres niveles de dolor: la lástima, la pasión y la compasión.

La lástima es cuando puedes ver una necesidad y sentir dolor, pero no lo suficiente como para interferir o ayudar.

La pasión se desarrolla en un nivel mayor, y se ve cuando puedes soportar incomodidad y sufrimiento por una meta personal. Podríamos afirmar que la pasión es necesaria para el éxito personal.

Y el último, el cual se desarrolla en un nivel superior, es el que siente Dios, llamado compasión. Sin compasión no podemos cumplir con la visión de Dios, ya que esta produce un dolor necesario para poder ser usados por Él. Insisto en esta afirmación: "La visión no produce fruto sin dolor".

Hay un pasaje en la Biblia que nos revela la seriedad de hacer la obra sin dolor: "Maldito el que hiciere indolentemente la obra de Jehová, y maldito el que detuviere de la sangre su espada." (Jer 48:10).

Moisés experimentó un dolor angustiante y estuvo dispuesto a morir a la comodidad del palacio; y a la fama y la riqueza que le correspondían debido a que formaba parte de la dinastía real; todo esto por amor a su pueblo (He 11:24-27).

Nehemías experimentó un dolor profundo por su ciudad, antes de poder volver a ella para reedificar sus muros y puertas (Neh 1:1-11).

Ester fue movida por un dolor que no pudo ignorar, que la llevó a arriesgar su vida para poder salvar a su pueblo, quienes estaban en peligro de exterminación (Est 4:6).

La pregunta es, ¿por qué no tenemos este dolor muchas veces?, ¿Porque no tenemos compasión? Un gran factor, es el desenfoque de la miseria y necesidad humana.

¿Sabías que aún la gente que sufre, enriquece nuestro espíritu? Dios nos concede una solución para ellos, y a nosotros experimentar el dolor que padecen. Las personas necesitan de la respuesta que portamos, pero nosotros necesitamos un encuentro con el dolor, debido a que es este dolor, que se transformará en compasión en nuestras vidas.

Hay un engaño de creer que las personas en Suecia, en Europa o en el primer mundo, no tienen necesidad, debido a que pueden tener dinero para comprar casas, autos y viajar a cualquier parte del mundo. Sin embargo, con su dinero no pueden comprar paz para sus vidas. Como iglesia, caemos en la trampa de creer que la gente necesitada está en Latinoamérica o en África. No obstante, se requiere del discernimiento del Espíritu para ver la profunda pobreza espiritual en la que viven muchas personas de países desarrollados; para oír los gritos desesperados detrás de las máscaras que se crean mientras conducen su auto de último modelo.

Le pido a Dios que hoy active la compasión en ti, para operar de forma diferente y trascendente en tu ministerio.

DECLARACIÓN 📢

Padre, confieso que necesito urgentemente la compasión por las almas. Hoy arranco todo lo que obstaculiza tu compasión en mi vida: El egoísmo, la vanidad y la indolencia. Desarraigo todo amor excesivo por mis proyectos y denuncio como pecado toda despreocupación que he tenido hacia tu visión. Abro mi espíritu para recibir el dolor y la compasión que proviene del Espíritu Santo y que necesito para hacer tu obra correctamente.

¡En el nombre de Jesús, Amén!

DEVOCIONAL 📖

Lectura Bíblica para hoy:
Marcos 8, Nehemías 1, Romanos 9

Mi Palabra Rhema para hoy es:

____

____

Tiempo de oración:
De ___:___hrs a ___:___hrs.

DESAFÍO 83 🎯

El desafío de hoy si decides aceptarlo, es buscar a una persona que padece una necesidad y le bendecirás con lo que tienes. Por ejemplo, visitándole en el hospital; llevándole víveres a su casa; o si es invierno regalándole ropa abrigada, etc. Puede ser un hermano de la iglesia o un no creyente. Si este es el caso, no olvides hablarle de Cristo y orar por él o por ella, después de haberle dejado lo que hayas llevado.

Para subir las fotos y contar el testimonio de tu desafío en redes sociales puedes utilizar el hashtag **#91DíasDeConquista.**

EL LIDERAZGO

Líderes a la Manera de Dios

"Si alguno quiere ser el primero, deberá ser el esclavo de todos."
Mateo 20:27 TLA

El éxito de un líder de reino no es ser primero, sino que es conocer el valor de ser segundo. Fuiste creado, llamado y equipado para ser un líder, pero bajo el orden de Dios. Si vamos a ser líderes, debemos ser libres de la obsesión de ser primeros. Josué, el caudillo y el sucesor de Moisés, pensaba que él tenía que ir delante en la conquista, hasta que se le presentó el "Príncipe del ejército de Jehová" (Jos 5:14). Este encuentro fue para dejarle en claro a Josué, quién realmente era el general de todo el ejército. El éxito de Josué, en cuanto a liderar a su pueblo, sería obedecer a Dios.

Muchas veces el mundo tiene una idea falsa en lo que a liderazgo se refiere. Para muchos, el liderazgo tiene que ver con ser primero, y con estar por encima de otros. Sin embargo, para Dios no es así. Ser líder a la manera de Dios, primeramente tiene que ver con seguir, servir y ser segundo. Jesús dijo: "...Si alguien quiere ser mi discípulo, tiene que negarse a sí mismo, tomar su cruz y seguirme." (Mt 16:24 NVI).

Cuando Jesús quiso poner el fundamento del liderazgo cristiano, no lo pudo haber dejado más claro. Los líderes de la tierra se enseñorean de las personas; manipulan las masas; y controlan las naciones, pero Jesús miró a su equipo de doce, y estableció diciendo: "Mas entre vosotros no será así..." (Mt 20:26). En otras palabras, Jesús dio a entender que: "Esta no será nuestra cultura, ni metodología, sino que bajo nuestro concepto de reino, el liderazgo funciona a través del servicio, y éste se modela con compromiso". La clave del liderazgo no es estar arriba o ser primero, sino ser postreros.

¿Qué significa ser segundo? Es seguir a Dios; es ir detrás de Cristo. En el reino, si vamos a manifestar el liderazgo que Él ha depositado en nosotros, no podemos ir nunca delante, sino que siempre debemos seguirlo a Él, lo cual implicará estar sujetos a los líderes que Él nos ha puesto.

Ser líder no se trata de nosotros, de un título, de un reconocimiento o de dar órdenes, sino más bien de un enfoque en la obediencia como el factor primordial.

Solo los hombres y las mujeres que han quebrantado la brujería mental de ser primero, son los que nunca dividirán una iglesia. Solo los creyentes que han sido libres de la hechicería y de la obsesión por una posición, son los que nunca caerán en las trampas de la rebelión.

La pregunta más frecuente que un líder debe hacerse a sí mismo es: ¿Cómo estoy guiando a las personas? Hay un tipo de liderazgo que está basado en el temor, y cuyo fin es llevar a las personas a hacer la obra de Dios bajo un espíritu de amenaza. No obstante, hay otro tipo de liderazgo que lleva a las personas a un cambio, a través de la convicción, de la pasión y la compasión.

Para que podamos ser líderes de éxito debemos imitar el ejemplo de Jesús. Él lideró con su estilo de vida. Recuerda que después que hayas enseñado algo en tu célula, esas personas solo recordarán un 5%. Después que te hayan visto hacerlo, recordarán un 20%. Pero después que hayas hecho algo junto con ellos, lo recordarán a un 100%. De manera que, el liderazgo y nuestra influencia debe ser llevada acabo por medio de lo que ellos vean en nosotros como líderes. Debemos en todo tiempo estar alerta y cuidar nuestro estilo de liderazgo; que motivemos por amor y no por temor; que sirvamos por amor a la visión y no por manipulación; que podamos decir como el apóstol Pablo: "Sed imitadores de mí, así como yo de Cristo." (1 Co 11:1).

DECLARACIÓN 📣

Padre, declaro que soy segundo y Tú eres el primero. Soy un líder de reino y las circunstancias no me controlan. Contigo yo gobierno. El miedo no me controla, porque con Dios nunca estoy abajo, sino que siempre estoy arriba. Creo que soy un líder bajo tu señorío, e iré delante para abrirle camino a mis generaciones. ¡En el nombre de Jesús, Amén!

DEVOCIONAL 📖

Lectura Bíblica para hoy:
Génesis 1, Génesis 2, Josué 5

Mi Palabra Rhema para hoy es:

____

____

Tiempo de oración:
De ___:___hrs a ___:___hrs.

DESAFÍO 84 🎯

El desafío de hoy si decides aceptarlo, es reconocer los tres contrincantes que más te obstaculizan y no te permiten manifestar el líder que hay en ti. Renunciarás a todo espíritu y a todo pensamiento que ataca el potencial y el llamado de Dios en tu vida. Puede ser el temor, el afán, la inseguridad, el rechazo, la frustración, la depresión, etc.

Para subir las fotos y contar el testimonio de tu desafío en redes sociales puedes utilizar el hashtag **#91DíasDeConquista.**

"

La Manifestación de tu Liderazgo

"Porque la creación aguarda con gran impaciencia la manifestación de los hijos de Dios."
Romanos 8:19 RVC

Tú no volverás a existir, y tu llamado nadie más en la historia lo podrá repetir. Como líder tienes una deuda con tus contemporáneos de manifestar lo que el cielo ha depositado en ti. Y si decides no hacerlo, le has robado a tus generaciones.

Una de las peores pesadillas del enemigo, es que tú conozcas el líder de reino que hay en ti. Una vez que comienzas a reconocer de dónde vienes, quién eres y lo que tienes en Dios, te vuelves en un agente imparable del reino. El apóstol Pablo declara: "Y cuál es la extraordinaria grandeza de Su poder para con nosotros los que creemos..." (Ef 1:19 NBLH). Además ora por la iglesia y confiesa: "Pido en oración que, de sus gloriosos e inagotables recursos, los fortalezca con poder en el ser interior por medio de su Espíritu." (Ef 3:16 NTV)

Existe todo un potencial y un material eterno que cargamos dentro y que está esperando evidenciarse en cualquier momento. En muchos círculos cristianos, el término manifestación se ha usado cuando una persona ha estado endemoniada. Sin embargo, debes estar consciente de los dones y talentos que Dios ha instalado en ti, que están esperando su manifestación (Mt 25:14-30). Por tal razón, es urgente que conozcas los saboteadores internos que atacan tu llamado, como por ejemplo los temores, las inseguridades, los complejos, la desobediencia, etc.

¿Sabías que fuimos creados para el éxito? Cuando Dios pensó en nosotros, no pensó en los errores, en los fracasos, ni en los pecados que podíamos llegar a cometer. De hecho, Él sabía de antemano que le íbamos a fallar. Más bien miró nuestro potencial y lo que podíamos hacer a través del poder de Su Espíritu Santo. Muchas personas luchan con el sentimiento falso de que no nacieron para ser líderes. Cuando dejamos que este sentimiento perturbe nuestro corazón, abortamos las capacidades que Dios ha puesto dentro de nosotros. Tenemos varios ejemplos en la Palabra de esta gran verdad.

Pedro, que pensó que había nacido para pescar, pero cuando conoció a Cristo se dio cuenta que había nacido para ser pescador de hombres (Lc 5:10). Moisés, quien pastoreaba las ovejas de Jetro en el desierto de Madián, pensaba que eso era lo que haría por el resto de su vida, mientras que Dios tenía en mente hacer de él un caudillo, y el más grande libertador de la historia (Ex 3:1-21). Así también Ester, quien llegó al palacio pensando que su destino era ser una reina, pero que ahí descubrió para qué había nacido realmente: Para salvar una nación (Est 4:16). En conclusión, debes saber que todos hemos luchado con diferentes saboteadores internos; con los complejos y los temores que nos ahogan. Pero a partir de hoy y después de este devocional se desatará en ti una revelación de ese líder que Dios ha creado y que hay en ti. Eres un líder de reino que cambiará los escenarios de sequedad en ríos de avivamiento, y transformarás atmósferas hostiles y de adversidad en favor y en gloria. Serás un líder que donde haya enfermedad, llevarás sanidad; que donde haya pobreza, desatarás prosperidad; y donde haya desánimo, inyectarás fuerza. Hoy determina manifestar lo que Dios ha depositado dentro de ti.

Decreto que no morirás sin ver la manifestación de las promesas eternas de Dios en tu vida.

DECLARACIÓN 📢

Padre Eterno, gracias porque estoy lleno de dones, de capacidades y de un potencial divino. Rompo todo temor, toda intimidación y toda timidez que aborta mi potencial. Creo que veré cada día una mayor demostración de tu gloria. Hoy se abren mis ojos para ver y entender todo lo que he recibido de tu Espíritu. Declaro que lo que Tú has puesto en mí, se manifiesta hoy.
¡En el nombre de Jesús, Amén!

DEVOCIONAL 📖

Lectura Bíblica para hoy:
Mateo 25, Ester 4, Lucas 5

Mi Palabra Rhema para hoy es:

____

____

Tiempo de oración:
De ___:___hrs a ___:___hrs.

DESAFÍO 85 🎯

El desafío de hoy si decides aceptarlo, es oír el tema *Honrando a Dios, tu Llamado y Cobertura*, en el siguiente enlace: https://www.youtube.com/watch?v=cv1SxT08lOE

Para subir las fotos y contar el testimonio de tu desafío en redes sociales puedes utilizar el hashtag **#91DíasDeConquista.**

El Poder de una Meta

*"prosigo a la meta, al premio del supremo llamamiento de Dios
en Cristo Jesús."*
Filipenses 3:14

Las metas son sueños con fechas. Siempre recuerda que lo malo viene sin que lo planifiques, pero los logros en el reino requieren de metas, de determinación y de planificación. Si quieres tener éxito, no puedes confiar en la suerte, sino que deberás trabajar de forma intencional.

El libro de Job afirma: "Decidirás una cosa, y se te cumplirá..." (Job 22:28 LBLA). Dios respalda a los hombres y a las mujeres que están determinados a soñar y a creer por cosas mejores. Salomón escribe: "Pon en manos del Señor todas tus obras, y tus proyectos se cumplirán." (Pr 16:3 NVI). Si decides no planificar lo que quieres alcanzar en tu día, entonces cosas desagradables se agendarán por sí solas.

Un día leí un dicho anónimo que decía: "El que fracasa en planificar, planifica fracasar". Las metas son buenas, porque aumentan el sentido de dirección y te proveen una dosis más alta de enfoque y de claridad en el desempeño de una misión. Ellas se encargan de empujarte a un mayor nivel de productividad, y te imponen la necesidad de un mejoramiento personal y ministerial. Sin embargo, se debe considerar que las metas no siempre caen bien, ya que presionan e incomodan. Pero son justamente aquellas metas que son buenas; las que no te permiten dormir, y que te dejan despierto clamando a Dios.

Hay metas a largo plazo, que son logros que se planifican en un lapso de un año o más. Otras se definen a mediano plazo, las cuales se trazan por seis meses, por ejemplo. Por último, se establecen las de corto plazo; que pueden ser metas que deben ser logradas en una semana o en un mes.

Aquí te dejo unos consejos para lograr metas:
En primer lugar, debes considerar que alcanzar una meta producirá felicidad, y por el contrario, si no la logras te producirá un cierto grado de frustración. Por tal razón, si te vas a poner una meta personal, debe ser algo que sabes que puedes

lograr. Ahora bien, si Dios te habla de hacer algo que es humanamente imposible, tienes que creerle a Dios y tener la certeza de que el Dios que te habló, te proveerá para todo.

En mi caso, yo me he puesto metas personales, pero ha habido ocasiones en donde Dios me ha metido en sus desafíos de fe, que humanamente no los podría haber realizado, como por ejemplo, el arriendo de un estadio para miles de personas; y la compra de un terreno para la iglesia, por millones de coronas. En algún momento del proceso hasta llegué a pensar que me volvería loco. Pero son esos momentos, en donde Él se ha glorificado, pues al final es Dios quien se lleva toda la gloria.

En segundo lugar, una meta tiene que proveer de un sentido de gratificación. Es decir, tiene que ayudarnos a ir en pos de algo que dará felicidad. En tercer lugar, cuando te pones una meta, tiene que ir cargada con un sentido de pertenencia, en otras palabras, debe hacerse propia. Finalmente, tiene que haber una recompensa si es alcanzada. Nunca dejes de celebrar, no importando si es grande o pequeño el logro. Necesitas recompensar cada meta que alcanzas; que lo que dice el libro de Josué se vuelva en una realidad para tu vida y para tu ministerio: "No faltó palabra de todas las buenas promesas que Jehová había hecho a la casa de Israel; todo se cumplió." (Jos 21:45).

DECLARACIÓN 📢

Padre, sin ti nada puedo hacer. Quebranto la maldición de la distracción. No andaré desenfocado en la tierra. El maligno no me sorprenderá, sino que mis conquistas de fe sorprenderán a las tinieblas. No seré mediocre, sino que me levanto para establecer y agendar mi éxito, para planificar mis progresos y mis conquistas en Dios. Declaro que estoy enfocado y confieso que contigo alcanzaré mis metas. ¡En el nombre de Jesús, Amén!

DEVOCIONAL 📖

Lectura Bíblica para hoy:
Habacuc 2, Filipenses 3, 1 Corintios 9

Mi Palabra Rhema para hoy es:

____

____

Tiempo de oración:
De ___:___hrs a ___:___hrs.

DESAFÍO 86 🎯

El desafío de hoy si decides aceptarlo, es escribir detalladamente tres metas que quieres lograr este año. La primera debe ser una meta personal, que concierne el estudio, el trabajo, etc. La segunda tiene que ver con tu relación con Dios, es decir, cuánto vas a orar todos los días, y cuántos capítulos quieres leer diariamente de su Palabra. La tercera es ministerial referida a cuántas almas quieres ganar este año, cuántos discípulos quieres formar y cuántas células quieres abrir. Preséntalas a tu pastor o líder y pide, que oren por estas metas.

Para subir las fotos y contar el testimonio de tu desafío en redes sociales puedes utilizar el hashtag **#91DíasDeConquista.**

—— **"** ——

Reproduciendo Discípulos

*"Y crecía la palabra del Señor, y el número de los discípulos se multiplicaba
grandemente en Jerusalén; también muchos de los sacerdotes
obedecían a la fe."*
Hechos 6:7

Tú enseñas lo que sabes, impartes lo que tienes y reproduces lo que eres. No importando tus dones, ni tu ministerio en el cuerpo de Cristo, a todos nos ha sido asignada la tarea de hacer discípulos. Pero solo alguien que es discípulo hace discípulos, ya que solo reproduces lo que eres.

En Hechos 6:1 vemos que "crecía el número de los discípulos", sin embargo en el verso siete había iniciado un proceso de reproducción. Es decir, que los discípulos comenzaron a hacer discípulos. ¿Cuál fue el resultado? Fue que "…el número de los discípulos se multiplicaba grandemente".

Hacer discípulos es formar la mejor clase de líderes que este mundo jamás haya conocido. Pocas cosas te darán tanta felicidad en el reino, como ver gente que llegó quebrada a Dios, ahora liderando en el ministerio.

No obstante, se debe considerar que así como formar es un placer, también será un dolor para el líder, ya que por determinarse a hacer discípulos, se enfrentará con personas que le traerán desilusiones. Para que el discípulo sea formado, la única manera que éste alcance el desarrollo de su potencial será bajo presión y bajo el dolor de la corrección.

Oswald Chambers dijo: "No te impacientes con los demás. Recuerda que Dios trató contigo con paciencia y benignidad". Por otro lado, si eres un discípulo que siempre huye del trato de tu líder, de la corrección y de la confrontación, acabas de volverte en alguien débil y problemático. Mas si aceptas y soportas la formación, te convertirás en un edificador del reino.

Hacer de una persona un discípulo no es un suceso, sino un proceso. Esto nunca ha sido rápido, ni mucho menos algo instantáneo. Cuando los bebés nacen, no se convierten inmediatamente en personas responsables, sino que hay un largo proceso de formación. De la misma manera, es necesario pasar y aprobar varias etapas, para formar a un líder y a un discípulo para el reino de Dios, pero reitero:

Es un proceso. No es algo que ocurre de un día para otro. Guarda tu corazón y no te impacientes.

Incluso, habrá ciertas personas que crecerán y madurarán más rápido que otras. Esto se debe mayormente a que hay un más alto nivel de disposición a cambiar y a obedecer la Palabra de Dios.

Cuando miramos la vida de nuestro Señor, descubrimos estas asombrosas cualidades de ser y hacer. Es decir, que aunque era hijo de Dios, se preparó y se dejó formar por sus padres durante treinta años para un ministerio que solo duraría tres años y medio. A veces nosotros pretendemos hacer lo mismo, solo que al revés; queremos tener un ministerio de treinta años, preparándonos solo tres.

Cristo estuvo tres años y seis meses con sus discípulos. Estuvo con ellos, comió con ellos, caminó con ellos, les tuvo paciencia; aunque muchas veces lo cansaban y le causaban dolor. Aún así los amó hasta el fin (Jn 13:1). La formación de líderes exige cierto nivel de paciencia, de disposición y de un compromiso de por vida. Las personas, a las cuales se les revela esta visión del reino de Dios, no hallan mayor placer y gratificación, que invertir la vida en esta empresa de reino llamada El discipulado de vidas para alcanzar las naciones.

DECLARACIÓN 📢

Padre, gracias por la unción de transformación que me has dado. Ganaré personas y haré discípulos. Declaro que cada vez que se forman nuevos discípulos, mi nación es cambiada. Creo que soy árbol plantado juntos a corrientes de aguas y daré fruto en mi generación. Ganaré y haré discípulos para Dios, porque esta es la pasión de mi vida.

¡En el nombre de Jesús, Amén!

DEVOCIONAL 📖

Lectura Bíblica para hoy:
2 Reyes 2, Juan 15, Hechos 19

Mi Palabra Rhema para hoy es:

____

____

Tiempo de oración:
De ___:___hrs a ___:___hrs.

DESAFÍO 87 🎯

El desafío de hoy si decides aceptarlo, es entrar en un ayuno e intersección por tres personas que Dios te muestre, durante tres días, con el fin de que en ellos se despierte un mayor compromiso con el reino de Dios. Tienes que comenzar a clamar por discípulos para Dios. No basta solo con ganar, sino que también los nuevos se tienen que volver en obreros en la viña del Señor.

Para subir las fotos y contar el testimonio de tu desafío en redes sociales puedes utilizar el hashtag **#91DíasDeConquista.**

——— 44 ———

Liderazgo de Inmolación

"Porque para mí el vivir es Cristo, y el morir es ganancia."
Filipenses 1:21

El sacrificio desata poder. Cada vez que enseño de sacrificio, relacionado con el liderazgo, tengo una lucha interior. Realmente, no considero que tengo el derecho a usar esa palabra, ya que ningún esfuerzo o compromiso de nuestra parte podrá jamás compararse a lo que Jesús hizo por nosotros en la cruz. El tamaño de su sacrificio y su nivel de inmolación no tiene comparación en la eternidad (Ap 13:8). El misionero David Livingstone dijo: "Si ser enviado por un rey terrenal es considerado un honor, ¿cómo puede ser una comisión de nuestro Rey Celestial ser considerado un sacrificio?"

Es imprescindible que seas un líder que modele una vida de compromiso y un espíritu de sacrificio. Vemos cómo Jesús desafió a los discípulos de su época: "Yendo ellos, uno le dijo en el camino: Señor, te seguiré adondequiera que vayas. Y le dijo Jesús: Las zorras tienen guaridas, y las aves de los cielos nidos; mas el Hijo del Hombre no tiene dónde recostar la cabeza. Y dijo a otro: Sígueme. Él le dijo: Señor, déjame que primero vaya y entierre a mi padre. Jesús le dijo: Deja que los muertos entierren a sus muertos; y tú ve, y anuncia el reino de Dios. Entonces también dijo otro: Te seguiré, Señor; pero déjame que me despida primero de los que están en mi casa. Y Jesús le dijo: Ninguno que poniendo su mano en el arado mira hacia atrás, es apto para el reino de Dios." (Lc 9:57-62).

Hoy cuando miramos el panorama mundial descubrimos que no todos los líderes o ministros manejan los mismos niveles de favor, de unción y de revelación. Esto se debe a que muchas veces el ascenso a mayores niveles en Dios, depende de las medidas de disposición, de incondicionalidad y de sacrificio que se tenga por el llamado de Dios. El liderazgo de reino no es un llamado al placer, sino a darnos y a dejar todo por causa de Él. Tristemente hay gente que ve el ministerio como una ganancia personal, como una posición u oportunidad de riqueza. Pero realmente es el compromiso y el sacrificio lo que otorga la legalidad para liderar en el reino. La gente sigue a un líder que modela una vida de ofrenda. El ministerio es solo para gente que ama a Dios más que a su propia vida. Debemos tener en cuenta que el sacrificio personal en el ministerio es la ofrenda que suelta poder y favor inusual para hacer la obra del ministerio.

Hay tres enemigos contra los cuales tendrás que pelear una y otra vez, puesto que querrán volverte en un líder del "status quo"; mediocre y sin impacto. El primero es el sedentarismo. Este es un espíritu cuya meta es la comodidad. El segundo es el materialismo. Este hace que uno ame más las cosas materiales, que el ministerio. El tercer enemigo es el miedo. Hay líderes que nunca vieron las promesas de Dios cumplidas en sus vidas, sencillamente por no haber derrotado sus temores.

Hoy es el día de definirnos. Seremos líderes que modelaremos compromiso y levantaremos una generación con la misma genética. Incluso, veremos la paga y la recompensa de Dios: "Porque nosotros que vivimos, siempre estamos entregados a muerte por causa de Jesús, para que también la vida de Jesús se manifieste en nuestra carne mortal." (2 Co 4:11).

DECLARACIÓN 📢

Padre, soy tu hijo. Tengo tu genética y poseo tu compromiso. Estoy dispuesto a dar todo y darme enteramente por el llamado. Recibo revelación de inmolación y de sacrificio. Estoy dispuesto a rendir lo que me pidas y ofrendar lo que más amo. Este es mi tiempo y la oportunidad de mi vida para servirte y no la perderé.
¡En el nombre de Jesús, Amén!

DEVOCIONAL 📖

Lectura Bíblica para hoy:
Ester 4, Juan 12, 2 Corintios 1

Mi Palabra Rhema para hoy es:

____

____

Tiempo de oración:
De ___:___hrs a ___:___hrs.

DESAFÍO 88 🎯

El desafío de hoy si decides aceptarlo, es pedirle al Espíritu Santo que te muestre una cosa que estorba tu vida con Dios o en el llamado. Lo reconocerás y lo quitarás de tu vida hoy. Puede ser música que no agrada a Dios, relaciones erróneas, cosas materiales, etc. Llamarás a tus líderes y les contarás lo que Dios te habló y les pedirás que oren por ti.
Para subir las fotos y contar el testimonio de tu desafío en redes sociales puedes utilizar el hashtag **#91DíasDeConquista.**

Leyes de Impartición

"Quieto estuvo Moab desde su juventud, y sobre su sedimento ha estado reposado, y no fue vaciado de vasija en vasija, ni nunca estuvo en cautiverio; por tanto, quedó su sabor en él, y su olor no se ha cambiado."
Jeremías 48:11

Transfiriendo a otros lo que Dios depositó en tu espíritu. La impartición es el éxito de un discipulado; es saber cómo transferir algo de una vida a otra; es la forma en cómo el Espíritu Santo deposita una porción de algo divino de un espíritu a otro. El apóstol Pablo le anuncia a los romanos: "Tengo muchos deseos de verlos para impartirles algún don espiritual que los fortalezca" (Rom 1:11 NVI). Es fundamental saber que solo podrás transferir la revelación que cargas en tu espíritu, no la información de tu mente.

La impartición no ocurre de forma automática, sino que requiere de ciertos elementos básicos y necesarios para que resulte. Primeramente, requiere de un contenedor. El contenedor es el líder que tiene algo de Dios para dar. Sin dicho elemento, no se podrá transferir efectivamente. En segundo lugar, la impartición demanda de un recipiente. El recipiente es el discípulo que tiene un corazón dispuesto a recibir. En tercer lugar, requiere de la preparación de un ambiente, la cual consiste en crear un clima propicio que posiciona el espíritu del discípulo para recibir una transferencia divina (2 Re 3:15). Este ambiente se crea a través de la oración, de la adoración y de la santificación. En cuarto lugar, un elemento clave es el punto de conexión. Esto puede ser una imposición de manos, una enseñanza ungida o una palabra profética (Hag 1:13-14, Hch 8:17). Finalmente, la impartición necesita una revelación divina. Esta es aquella que únicamente Dios puede dar. Solo Él puede darnos revelación. Jesús le dijo a Pedro: "Bienaventurado eres, Simón, hijo de Jonás, porque no te lo reveló carne ni sangre, sino mi Padre que está en los cielos." (Mt 16:17). Incluso, siempre con la impartición surgen ciertos efectos muy poderosos.

Un efecto que se genera es la activación. Es decir, que la persona dormida espiritualmente es despertada para accionar y tomar decisiones a favor del reino.

Otro efecto, viene a ser un alineamiento absoluto. La persona deja aquello que le estaba distrayendo, para enfocarse en lo que Dios le reveló. Un tercer efecto que nace del espíritu es la pasión. Esta pasión hace que lo que recibiste, no lo puedas guardar, sino que crea en ti la apremiante necesidad de impartir y depositar la unción en otros. Esto a su vez va produciendo una cadena de transferencias que van gestando un mover poderoso de multiplicación.

En conclusión, vale puntualizar que el discipular no es enseñorearse de las personas, sino saber impartir lo que Dios nos ha dado en otros, para de esa manera activarlos en el propósito de Dios. El discipulado permite que toda la iglesia se mueva bajo una misma unción; bajo una misma palabra; y bajo una misma cobertura, tal como lo establece el Salmo 133. De manera que, el óleo, que es la unción del Espíritu de Dios, cae sobre la cabeza, desciende sobre la barba, hasta llegar al borde de las vestiduras. Igualmente, declaramos que la unción fluirá en un mismo Espíritu y en una misma visión en todo en cuerpo de Cristo.

DECLARACIÓN 📢

Padre, Tú me has llamado y tengo la unción de tu Espíritu. Quebranto todo lo que hay en mí que impide la multiplicación de discípulos. Hoy recibo códigos y claves de impartición. De lo que Tú me has dado, voy a transferir a mis generaciones. Declaro que cada vez que hable, el espíritu de cada persona se abrirá, y recibirá la activación del Espíritu Santo.
¡En el nombre de Jesús, Amén!

DEVOCIONAL 📖

Lectura Bíblica para hoy:
Jeremías 48, Salmo 133, Números 11

Mi Palabra Rhema para hoy es:

____

____

Tiempo de oración:
De ___:___hrs a ___:___hrs.

DESAFÍO 89 🎯

El desafío de hoy si decides aceptarlo, es apartar tiempo para oír el tema *Bendecido, Quebrantado e Impartido*, en el siguiente enlace: https://www.youtube.com/watch?v=_gylkc6lO7k

Si tienes discípulos, hoy o en uno de estos próximos tres días convocarás a una vigilia e invitarás a personas que asisten a tu célula. Avísale a tu líder o a tu cobertura sobre esta vigilia. Lo importante es romper toda atadura que impide compromiso. Finalmente, impartirás una pasión por la presencia de Dios y por las almas.

Para subir las fotos y contar el testimonio de tu desafío en redes sociales puedes utilizar el hashtag **#91DíasDeConquista.**

El Poder de Vivir bajo Autoridad

"Por esto os escribo estando ausente, para no usar de severidad cuando esté presente, conforme a la autoridad que el Señor me ha dado para edificación, y no para destrucción."
2 Corintios 13:10

El propósito de la cobertura no es sofocar, sino proteger, presionar y promover. Su función principal no es tu sobreprotección, sino tu formación y edificación. Dios estableció las autoridades como un orden divino que puedan cuidar y edificar, pero también corregir y confrontar.

Recuerda que solo tendrás autoridad en el nivel en que puedas estar bajo autoridad. El apóstol Pablo enseña: "Todos deben someterse a las personas que ejercen la autoridad. Porque no hay autoridad que no venga de Dios, y las que existen, fueron puestas por él." (Rom 13:1 DHH).

Dios manifiesta su autoridad de la forma más práctica y más sencilla. En nuestra vida cotidiana, la manifiesta a través de un semáforo, por ejemplo. Este es una señal de autoridad, que vela por el cuidado de las personas en el tráfico. En la escuela, tu profesor es la autoridad y en la sociedad tenemos al policía, que aunque no sea cristiano, es una autoridad, que cuando se respeta y se honra, siempre contarás con el respaldo y el favor de Dios. Por otro lado, cuando decides rebelarte, también hay una descarga, solo que de justicia y de juicio. En efecto, los únicos que conozco que huyen y viven resentidos con todo tipo de autoridad son los rebeldes.

La desobediencia tiene que ver con lo que hacemos, mientras que la rebeldía tiene que ver con lo que llevamos guardado en el corazón. Hay personas que no saben conectarse con las autoridades, y por eso viven en continuo dolor con cualquiera que les da una orden o una instrucción. De hecho, los hijos que nunca reconocieron autoridad en sus padres, siempre terminan tomando malas decisiones. Hay empleados que nunca prosperan, porque ven la sumisión a la autoridad como un abuso. Hay alumnos que no respetan a sus profesores, y después se lamentan porque no les va bien en el colegio y porque no entienden las materias. Hay creyentes que no honran a su cobertura, y luego se maravillan, porque no logran recibir la unción de Dios. Si vamos a operar con éxito como líderes de reino, es imperativo que se nos revele la autoridad. Es decir, que entendamos el poder que se activa cuando nos conectamos correctamente.

Uno de los apóstoles en la Biblia que más fruto e impacto tuvo, fue el apóstol Pablo. La pregunta es, ¿qué fue lo que lo hizo distinto? Obviamente, hay diversos factores, pero hay un detalle sobresaliente que vemos en su conversión, y fue la conexión con su autoridad, cuando decía: "...Señor, ¿qué quieres que yo haga?..." (Hch 9:6).

Solo gente que no ha tenido la revelación de reino, no logra ver la autoridad en un líder que Dios ha llamado. Son los rebeldes que siempre han escondido su obstinación y su desobediencia detrás de dichos como: "No me someto al hombre, solo a Dios" o "Yo no sirvo a los hombres. Yo solo sirvo a Dios". Hasta el día de hoy, no sé cómo someterme a Dios, si no es obedeciendo a una autoridad que Él ha puesto en una persona. Tampoco sabría cómo servir a Dios, si no sirviese a la gente.

Dios te ha dado pastores para que tengas un punto visible de conexión con Su autoridad. No digo que los líderes que Dios ha llamado y ha puesto a tu cuidado sean perfectos, pues no creemos en la inefabilidad pastoral o en una divinidad apostólica. ¡No! Son personas y pueden fallar. Sin embargo, por causa de un llamado cargan una autoridad para edificar el reino y el cuerpo de Cristo. El autor de la carta a los Hebreos escribe: "Obedezcan a sus líderes espirituales y hagan lo que ellos dicen. Su tarea es cuidar el alma de ustedes y tienen que rendir cuentas a Dios. Denles motivos para que la hagan con alegría y no con dolor. Esto último ciertamente no los beneficiará a ustedes." (He 13:17 NTV).

DECLARACIÓN 📣

Padre, te reconozco como la Fuente y Autor de toda autoridad. En este día combato toda rebeldía y toda desobediencia camuflada en mi alma. Arranco de mi corazón toda sublevación y arrogancia. Hoy soy sano y soy libre de todos los problemas que he tenido con mis autoridades. Creo y confieso que soy un hijo de Dios y caminaré en sumisión todos los días de mi vida.

¡En el nombre de Jesús, Amén!

DEVOCIONAL 📖

Lectura Bíblica para hoy:
Números 13, Romanos 13, Hebreos 13

Mi Palabra Rhema para hoy es:

____

____

Tiempo de oración:
De ___:___hrs a ___:___hrs.

DESAFÍO 90 🎯

El desafío de hoy si decides aceptarlo, es oír todo el tema *Líderes que operan bajo autoridad*, en la que ministramos sobre el caminar en orden y bajo autoridad; en el siguiente enlace: https://www.youtube.com/watch?v=so_ZtJ2it6U

Además vas a memorizar tres versículos esta semana. Escoge tres y repítelos todos los días (Is 43:2, Sal 23:4, Sal 27:10, Mt 17:20, Dt 31:8, Heb 13:6, Jn 11:40). Para subir las fotos y contar el testimonio de tu desafío en redes sociales puedes

utilizar el hashtag **#91DíasDeConquista.**

Liderazgo Sobrenatural

"Así que profeticé como se me ordenó. El espíritu llegó a ellos y empezaron a
vivir. Luego todos se levantaron. Eran una multitud de soldados."
Ezequiel 37:10 PDT

El liderazgo a la manera de Dios no se basa en un conocimiento humano, sino
en la demostración de lo sobrenatural. El apóstol Pablo afirma: "…y cuando les
hablé y les prediqué el mensaje, no usé palabras sabias para convencerlos. Al
contrario, los convencí haciendo demostración del Espíritu y del poder de Dios"
(1 Co 2:4 DHH).

Quiero mostrarte el valor del liderazgo sobrenatural y divino basado en la
experiencia del profeta Ezequiel. Dios lo puso en un escenario de hostilidad,
sequedad y muerte. El marco circunstancial no era agradable, sino desgarrador.
Era un valle lleno de gente muerta y de huesos secos en extremo. Es en medio
de este ambiente que Dios le hace una pregunta ilógica, a la razón humana:
"…¿Vivirán estos huesos?..." (Ez 37:3). En este capítulo 37 hay algunos principios
que podemos aprender para poder fluir en un liderazgo sobrenatural. Este es un
liderazgo que con Dios hará lo imposible para que Dios se lleve toda la gloria.
Primero que nada, vemos la "mano de Jehová" (Ez 37:1). Esto nos habla de
cobertura y respaldo para poder manifestar un liderazgo sobrenatural. A veces
serás puesto en un escenario de muerte, pero no temas, porque Su mano y
cobertura estará sobre los que Él ha llamado. En segundo lugar, vemos como el
profeta fue "llevado por el Espíritu" (Ez 37:1). Un liderazgo sobrenatural requiere
de aprender a oír y a ser guiados por Dios. Tu éxito demandará saber discernir
la voz de Dios y tu determinación a obedecer al Espíritu. En tercer lugar, vemos
el valor de la "Palabra de Jehová" (Ez 37:4). Necesitamos conocer la autoridad y
el poder de la Palabra. Esto es determinante, especialmente, cuando operamos en
lugares de sequedad. Cuando Dios nos envía a una misión y nos pone en lugares
de muerte, muchas veces lo único que tiene vida es su Palabra. Su Palabra es lo
único que nos sustenta en tiempos de crisis. En cuarto lugar, vemos el elemento
profético para un liderazgo sobrenatural. Dios le dice a Ezequiel: "Profetiza"
(Ez 37:4). Manifestar un liderazgo sobrenatural requiere de mirar a la gente, la

ciudad y la célula con los ojos de Dios. Luego llamar las cosas que no son como si ya fuesen (Rom 4:17b).

En quinto y último lugar, Dios le enseñó al vidente sobre el poder de "el sopló del Espíritu" (Ez 37:9). Soplo tiene que ver con la impartición y la intervención divina. Después que hemos hecho todo lo que Dios nos ha pedido, viene el mover exclusivo de Dios. El soplo le corresponde a Dios. Es aquí, donde Él entra en escena para hacer lo que es humanamente imposible.

A través de toda la historia, Dios ha intervenido con su soplo divino. El Padre sopló en el primer hombre (Gn 2:7), Jesús sopló en sus discípulos (Jn 20:22) y el Espíritu Santo sopló en el aposento alto (Hch 2:2). Ahora, ¿cuál fue el efecto? Los huesos se convirtieron en un ejército poderoso y numeroso.

Dios te levantó para que a través de ti lo muerto viva y para volver lo más seco en un poderoso mover de gloria. No importando donde Dios te haya puesto, en ese lugar crecerás, te fructificarás y te multiplicarás.

DECLARACIÓN 📢

Padre, gracias porque has puesto en mi vida autoridad para activar lo profético y lo sobrenatural. Veré tu gloria en las tierras más secas. Declaro que las tinieblas retroceden en mi territorio. Aunque estoy rodeado de huesos secos, creo que veré un ejército de Dios. Hoy se activa en mí un liderazgo profético. Porque lo sobrenatural será lo más normal para mí.
¡En el nombre de Jesús, Amén!

DEVOCIONAL 📖

Lectura Bíblica para hoy:
Ezequiel 1, Ezequiel 3, Ezequiel 37

Mi Palabra Rhema para hoy es:

____

____

Tiempo de oración:
De ___:___hrs a ___:___hrs.

DESAFÍO 91 🎯

También llamarás a tu cobertura o a tus pastores y les pedirás que te pongan un desafío que puedas lograr en lo que respecta el ministerio. Prepárate para ser enviado a hacer algo inesperado, pero con el envío a realizar una tarea también viene el respaldo divino. No tengas miedo si fuera algo que nunca has hecho, Dios está contigo.

Para subir las fotos y contar el testimonio de tu desafío en redes sociales puedes utilizar el hashtag **#91DíasDeConquista.**

GENERACIÓN DE CONQUISTA

Síguenos en redes sociales:

Rodolfo Rojas Internacional

RodolfoRojas.Oficial

Rodolfo Rojas

@1RodolfoRojas

RodolfoRojasIMC

#91DiasDeConquista
www.RodolfoRojas.net